これだけ押さえる！

不動産登記簿の見方と登記手続き

伊波喜一郎／山﨑学 著

近代セールス社

はじめに

　マイホームを購入する、親から相続した土地を売る、事業資金の借入れのために土地建物を担保とする――そんなとき、土地や建物の権利関係を知る手がかりとなるのが不動産登記記録です。
　不動産は高額な財産ですが、一般の方がその権利関係が記載された登記記録を見る機会はほとんどありません。金融機関の融資担当者などであれば目にすることも多いかもしれませんが、どこに何が書かれているか、権利の変動はどのように登記されるのか、実は詳しいことはよく分からない……という人も少なくないのではないでしょうか。
　例えば、こんな思いをしたことはありませんか？
　登記簿（登記事項証明書）を見てみたけれど、記載のルールが分からず、権利関係が理解できない。
　ずいぶん前に返済が終わっているはずの住宅ローンの記録がバッチリ残っている。これはどういうこと？
　所有者らしき人の名前がたくさん載っていて、途中に「持分移転」とか書いてある。結局今はだれの持ち物なの？
　このように分からないことだらけでは、登記記録を「読む」ことはできません。

　言うまでもなく、不動産の売買、相続、担保差し入れといった場面では、不動産の権利関係を知ることがとても大切になります。
　本書ではまず、第1章を「不動産登記のイロハ」と題し、登記にまつわる基本的な事項を解説しています。
　第2章では、様々な登記記録例を掲載し、内容を把握するための登記上のルールや見方のポイントを紹介しました。表題部や権利部甲区・乙

区にはどんなことが記載されるのかといった基本的なところから、抵当権において他の不動産との関連を知ることのできる共同担保目録なども取り上げています。

　第3章では、登記申請の手続きに必要となる書類について、サンプルを掲載して説明しています。書類が不足していると、予定していた日に登記ができないといったトラブルにもなりかねません。どんな書類が必要なのかをきちんと理解してください。

　また、理解度チェックのための簡単な演習問題も用意しました。こちらもぜひチャレンジしてみてください。

　少し前までは、不動産所在地を管轄する法務局まで足を運んで登記簿を閲覧するか、登記簿謄本を取得しなければ、その記載内容を確認することはできませんでした。

　しかし最近は、登録こそ必要ですが、パソコンを用いてインターネットで登記記録を簡単に閲覧することもできるようになり、とても便利になりました。

　不動産登記は権利関係を公示することを目的としていますので、インターネットであれ法務局であれ、登記記録を見るのに特別な権限は必要なく、戸籍などのように閲覧や取得に使用目的も問われません。つまり、他人の所有する不動産であっても、所在と地番や家屋番号さえ分かれば、その登記記録を閲覧できるのです。

　ところが、登記記録がいくら手軽に見られるようになっても、その不動産がどんな権利関係になっているのかを正確に把握できなければ、まったく意味がありません。

　本書では、登記に関して、民法や各種の権利の意味するところまで解説しています。保存や移転、設定、変更、抹消などの登記用語も具体的に理解できるように、登記の事例を用いて説明しました。

はじめに

　本書に記載されている内容をすべて完璧に理解する必要はありませんが、読者の皆さんが登記記録をご覧になる際の一助になれば幸いです。

2014年12月　山﨑　学

Contents

はじめに ……………………………………………………………………… 1

第1章 不動産登記のイロハ

Q1 不動産登記はどこで行うのですか？
　　登記記録とは何ですか？ ……………………………………………… 10
Q2 不動産の登記記録には
　　どんなことが記載されるのですか？ ………………………………… 10
Q3 謄本・抄本、登記事項証明書とは何ですか？ ……………………… 12
Q4 登記記録の内容はどのように
　　確認すればいいのですか？ …………………………………………… 12
Q5 法務局では登記記録のほかに
　　どんな資料を確認できますか？ ……………………………………… 13
Q6 不動産登記の対象となるのは
　　どのようなものですか？ ……………………………………………… 17
Q7 登記できる権利には
　　どのようなものがあるのですか？ …………………………………… 18
Q8 権利の変動はどのように登記されるのですか？ …………………… 21
Q9 登記は必ずしなければいけないのですか？ ………………………… 24
Q10 登記にはどんな効力があるのですか？ …………………………… 27
Q11 登記さえしてあれば
　　それを信じていいのですか？ ………………………………………… 28

第2章 登記記録の見方

1．登記記録の基本的な見方 ································· 32

2．所有権に関する登記 ······································· 42
　1 所有権保存登記 ·· 42
　2 所有権移転登記 ·· 49

演習問題に挑戦！（その1）································· 60

3．抵当権に関する登記 ······································· 63
　1 抵当権とは何か ·· 63
　2 抵当権設定登記 ·· 66
　3 抵当権移転登記 ·· 72
　4 抵当権変更登記 ·· 76
　5 抵当権の順位変更登記 ···································· 80
　6 抵当権抹消登記 ·· 83

4．根抵当権に関する登記 ···································· 86
　1 抵当権と根抵当権の違い ································· 86
　2 根抵当権設定登記 ··· 89
　3 共同抵当権と共同根抵当権 ····························· 93
　4 根抵当権移転登記 ··· 97

⑤ 極度額、債務者、債権の範囲の変更 ································· 103
　　⑥ 根抵当権の元本確定 ··· 106
　　⑦ 根抵当権抹消登記 ··· 109

５．賃借権に関する登記 ·· 110
　　① 賃借権設定登記 ·· 110
　　② 借地借家法に基づく登記 ··· 115

６．地上権に関する登記 ·· 121

７．区分建物に関する登記 ·· 126

演習問題に挑戦！（その２） ·· 131

第3章　登記申請手続き

１．不動産登記の諸原則 ·· 136

２．登記申請時の添付書類 ·· 142
　　① 登記原因証明情報 ··· 142
　　② 登記済証または登記識別情報 ··· 144
　　③ 住所証明書 ··· 150
　　④ 印鑑証明書 ··· 152

Contents

⑤ 代理権限証書・資格証明書 ·········· 154
⑥ その他の添付書類 ·········· 158
⑦ 原本還付について ·········· 161
⑧ 登記完了証 ·········· 162

3．一括申請の手続き ·········· 164

4．住所・氏名変更登記 ·········· 168

5．登録免許税 ·········· 170

演習問題に挑戦！（その3） ·········· 172

おわりに ·········· 174

第1章

不動産登記のイロハ

まずは、不動産登記の基本をＱ＆Ａ形式で解説します。基本的な用語の意味や、登記記録に記載される事項について押さえてください。

Q1 不動産登記はどこで行うのですか？登記記録とは何ですか？

A 　不動産登記は、その不動産を管轄する法務局・地方法務局、もしくはこれらの支局または出張所で行っています。一般的には「登記所」と呼ばれることも多く、こちらのほうがなじみ深いという人もいるかもしれません。

　登記記録とは、登記された内容が記録されているデータのことです。以前、登記は紙に記載されており、簿冊（バインダー）で管理されていたため、「登記簿」と呼ばれていましたが、現在ではコンピュータによって記録・管理しているので、「登記記録」といいます。

Q2 不動産の登記記録にはどんなことが記載されるのですか？

A 　不動産の登記記録には、不動産の物理的現況と権利関係が記録され、前者が記録される部分を「表題部」、後者が記録される部分を「権利部」と大別しています。

　表題部は、不動産の物理的現況を公示する部分ですから、土地であれ

ば所在、地番、地目、地積など、建物であれば所在、家屋番号、種類、構造、床面積などが記録されます。

権利部は、不動産の権利に関する記録がなされる部分です。対象となっている不動産の所有者はだれか、また、不動産が担保として差し入れられている場合は、その権利関係が記録されます。

権利部の甲区・乙区には何が登記されるか

権利部はさらに、甲区と乙区に分かれています。

甲区には所有権に関する事項（所有権の保存、移転、変更などの登記や、所有権に対する差押、仮差押等の処分の制限の登記など）が記録され、乙区には、所有権以外の権利に関する事項（抵当権や地上権等の設定、これらの権利の移転、変更、差押、仮差押等の処分の制限の登記など）がなされます。

大まかなイメージとしては、次の図のようになります。

【表題部】

（土地）土地の所在、地番、地目、地積といった
その土地の基本的な情報が記載される
（建物）建物の所在、家屋番号、種類、構造、床面積といった
その建物の基本的な情報が記載される

【権利部（甲区）】

所有権のほか、所有権に対する差押、仮差押など
所有権のゆくえを左右するような情報が記載される

【権利部（乙区）】

所有権以外の権利に関する事項
例えば抵当権、根抵当権などの担保権や
賃借権、地上権などの用益権が記載される

Q3 謄本・抄本、登記事項証明書とは何ですか？

A 謄本は、原本全部の写しをいい、抄本は原本の一部の写し（厳密には、その写しを権限ある公務員が作成し、認証したもの）をいいます。以前、登記簿は紙で管理されていたので、この全部の写しを「登記簿謄本」とか、単に「謄本」などと呼んでいました。

現在は紙ではなくコンピュータで管理されているため、謄本、抄本といった概念はなく、「登記事項証明書」と呼んでいます。しかし現在でも、定着した名称として「謄本」「抄本」という言葉が使われています。

閉鎖登記簿とは？

簡単に言えば過去の登記簿のことです。登記簿は様々な理由により閉鎖されますが（土地または建物の滅失、合筆、新用紙への移記など）、よく見かけるものには、コンピュータ化に伴う閉鎖があります。

Q4 登記記録の内容はどのように確認すればいいのですか？

A 費用を支払えば、だれでも全部事項証明書（いわゆる謄本）を取得することができます。

以前は、その不動産を管轄している法務局まで行く（郵送も可）必要がありましたが、現在では最寄りの法務局で全部事項証明書を取得することができます。また、インターネットを利用し、オンライン申請などの方法で請求することもできます。

閉鎖登記簿は管轄の法務局へ

なお、前述の閉鎖登記簿謄本（コンピュータ化前のもの）は、現在でも最寄りの法務局で取得することができないため、直接、管轄の法務局に出向くか、郵送で申請することになります。

また、一般財団法人民事法務協会では、法務局の保有する登記記録を、インターネットを通じてパソコン等の画面で確認できる有料サービスを展開しています。これにより不動産登記情報（全部事項、所有者事項）や地図などを確認することもできます。ただし、これを印刷しても認証印や登記官印はないので、法的証明力はありません。

Q5 法務局では登記記録のほかにどんな資料を確認できますか？

A 不動産に関して言えば、登記記録のほかに、公図や地積測量図、建物図面などを取得することができます。以下に、それぞれの書面のサンプルを掲載します。

登記記録の見方については第2章で詳しく説明しますので、ここでは登記事項証明書の体裁を見ておいてください。

サンプル１　登記事項証明書

東京都中野区××１丁目１−２　　　　　　　全部事項証明書　（土地）

表　題　部（土地の表示）	調製	平成10年10月8日	不動産番号	1234567891234
地図番号	余白	筆界特定	余白	
所　在	中野区××一丁目		余白	

①地番	②地目	③地積　㎡	原因及びその日付〔登記の日付〕
1番2	宅地	123：45	1番から分筆〔昭和57年10月10日〕
余白	余白	余白	昭和63年法務省令第37号附則第2条第2項の規定により移記 平成10年10月8日

権利部（甲区）（所有権に関する事項）			
順位番号	登記の目的	受付年月日・受付番号	権利者その他の事項
1	所有権移転	昭和57年11月20日 第12345号	原因　昭和57年11月20日売買 所有者　中野区××一丁目１番１号 　　　　近代太郎 順位２番の登記を移記
	余白	余白	昭和63年法務省令第37号附則第2条第2項の規定により移記 平成10年10月8日
2	所有権移転	平成19年10月24日 第24680号	原因　平成19年1月24日相続 所有者　中野区××一丁目１番１号 　　　　近代次郎
3	所有権移転	平成22年6月6日 第67890号	原因　平成22年6月6日売買 所有者　中野区××一丁目１番２号 　　　　大川一郎

権利部（乙区）（所有権以外の権利に関する事項）			
順位番号	登記の目的	受付年月日・受付番号	権利者その他の事項
1	抵当権設定	平成22年6月6日 第67891号	原因　平成22年6月6日保証委託契約に基づく求償債権同日設定 債権額　金2,000万円 損害金　年14.0％ 債務者　中野区××一丁目１番２号 　　　　大川一郎 抵当権者　中野区××一丁目２番３号 　　　　○○信用金庫 共同担保　目録（な）1111号

＊下線のあるものは抹消事項であることを示す。
整理番号K12345（1／1）　1／2

第1章 不動産登記のイロハ

サンプル2　公図（その土地の形や位置関係などを示した図面）

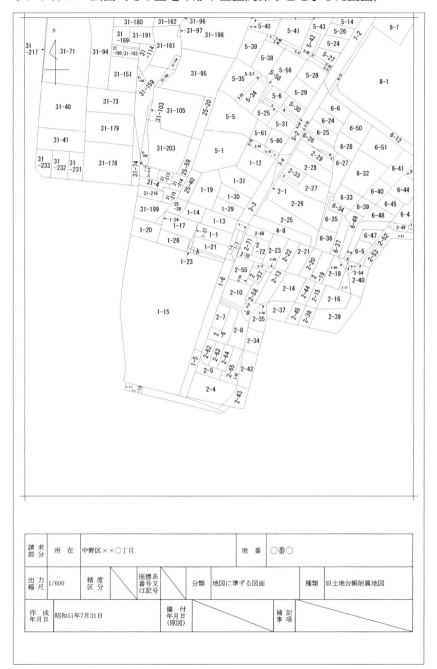

サンプル3　地積測量図（土地の面積を明確にした図面）

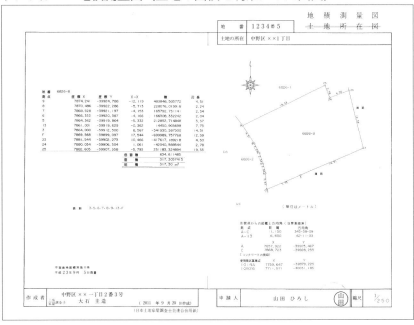

サンプル4　建物図面（建物の位置・形状などを示した図面）

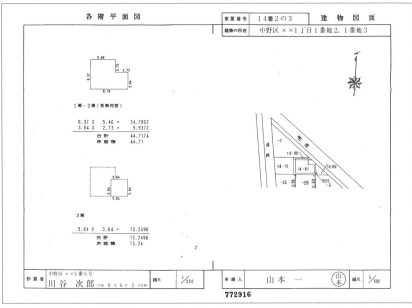

また、法務局では、不動産登記のほかに、法人（会社）の登記や成年後見に関する登記、供託、戸籍などの事務も行っていますので、例えば、法人や成年後見等に関する登記事項証明書、成年後見等の登記がされていないことの証明書を取得することができます。

なお、法人の登記事項証明書は、不動産同様、最寄りの法務局でだれでも取得することができますが、後見関係は一定の範囲の人が取得でき、かつ、特定の法務局のみで取り扱われています。

Q6 不動産登記の対象となるのはどのようなものですか？

A 基本的に、登記の対象となるものは「不動産」です。何とも当たり前のような話ではありますが、民法上、不動産については次のような定義があります。

民法86条
　土地及びその定着物は、不動産とする。不動産以外の物は全て動産とする。

つまり、民法では土地とその定着物を不動産としていることになります。例えば、ある土地に桃の木が生えていた場合、その桃の木は土地の定着物となるので、桃の木は不動産ということになります。

なお、教科書的な事例ですが、その桃になっている実を木から取らずに食べたとすれば、民法上は「不動産を食べた」と紹介されることもあります。

建物は土地の一部に含まれる!?

では、建物はここでいう「定着物」にあたるのでしょうか。つまり、建物は土地の一部に含まれるのかという問題です。

仮に建物が土地の一部であるとすると、登記は土地のみで足りることになりますが、実はこの点について、民法上は明確な区別がされていません。

しかし、土地と建物は当然に別物であるということを前提とした規定はいくつもあり、また、不動産登記法では、これを明確にするための規定を設けています。

不動産登記法2条
　不動産　土地又は建物をいう。

これによれば、不動産登記法上の不動産は土地と建物ということになります。なお、立木に関する法律や工場抵当法など、別の法律によって、土地や建物以外についても登記が認められるものがあります。

Q 7 登記できる権利にはどのようなものがあるのですか？

A 　不動産登記法は、民法177条（不動産に関する物権の変動の対抗要件を定めた条項。詳細は後述）を受けた規定です。したがって、登記される権利は、原則として、民法が定めた物権によること

になります。

債権との違いは「排他的支配権」の有無

　物権とは、"物"に対する直接的・排他的支配権と定義されます。言葉の意味が分かりづらいと思いますので、例を挙げて説明しましょう。

　例えば、皆さんが仕事帰りにコンビニでビールを1本買ったとします。皆さんはここでビールの所有権を手に入れたことになりますが、「直接的支配権」とは、このビールを持ち歩くことができる（直接的実効支配）ことをいいます。

　また、「排他的支配権」とは、手元のビールについて、他の第三者から「それは私のものだ」と言われる筋合いが無い（あくまでも「自分のものだ」と言える）ことです。

　これに対し、債権とは、"人"に対して何かをしてくれと言える権利です。例えば、AがBにお金を貸しているとき、AがBに対して「お金を返してくれ」と言うことができる権利が債権です。

　ただし、物権と異なり債権には直接的・排他的支配権はないとされていますから、Bがお金を返さない場合でも、AはBを直接拘束（実効支配）して強制労働をさせたりすることは認められていません。この場合、基本的には裁判でその権利を認めてもらったうえで、Bの預金を差し押さえたり、Bの不動産（持っていれば）を差し押さえて競売することにより、その回収を図ることになります。

登記できる物権、できない物権

　民法が定める物権は、次のとおりです。
占有権、所有権、地上権、永小作権、地役権、留置権、先取特権、質権、（根）抵当権

●登記できる権利の種類

所有権	法令の制限内において、自由にその物の使用、収益及び処分をする権利（民法206条）。 その物を自分で使うこともできるし（使用）、他人に貸して利用料を得ることもできるし（収益）、売却したり（法律上の処分）、破壊したり（事実上の処分）することができる。
地上権	工作物または竹木を所有するため、他人の土地を使用する権利(民法265条)。 工作物は、一般には建物所有を目的とすることが多いが、ゴルフ場やスキー場などを所有する目的で地上権が利用されることもある。 なお、土地の上空や地下などの一定の範囲を利用するための地上権も認められており、これを区分地上権という（民法269条の2）。
永小作権	小作料（利用料）を支払い、他人の土地で耕作又は牧畜する権利（民法270条）。地上権との違いは、地上権が工作物所有を目的としているのに対し、永小作権は耕作（又は牧畜）を目的としている点にあるが、現在では耕作目的の際も賃借権が設定されるため、永小作権はほとんど利用されていない。
地役権	契約で定めた目的に従い、他人の土地を自己の土地の便益に供する権利(民法280条)。袋地の所有者が公路に出るために他人の土地を通行する場合や、電力会社が電線路を敷設する際に、その妨げとなるような工作物を設置させない場合などに利用される。
先取特権	法律が定める一定の債権を有する者に、他の債権者に先だって優先的弁済が受けられるよう与えられた権利。法律が定める一定の債権が生じれば、物権である先取特権が当然生じるものとされているため、法定担保物権とされている（民法306条以下）。 具体的に、法律が定める一定の債権としては、共益の費用、雇用関係、葬式の費用、日用品の供給に関して生じた費用などがある。
(根)抵当権	債務者または第三者が占有を移転しないで債務の担保に供した不動産について、他の債権者に先だって自己の債権の弁済を受ける権利（民法369条）。分かりやすく言えば、返済が無ければ競売に付すことができる権利。 抵当権は契約によって生じる権利であることから、約定担保物権の1つとされる。
質権	債権担保のために質物を預かり、返済があるまではこれを留め置くことができる権利。いわゆる質屋などがその典型例となる。 抵当権との大きな違いは、質権は債権者が質物を預かるため、担保提供者はこれを使用することができない点にあるが、不動産質権の場合、担保提供者にこれを委ねることも認められている。
賃借権	賃借人が賃料を支払って目的物を使用、収益する権利（民法601条以下）。債権ではあるものの、不動産賃借権については登記が認められている。 土地利用という点では、地上権や永小作権と類似するが、賃借権は債権であることから、地主に対し「登記をせよ」とは当然には言えず、地主の承諾が必要となる（地上権や永小作権は、当然に「登記をせよ」と言える権利が含まれている）。
採石権	他人の土地の岩石や砂利を採取することができる権利で、採石法により物権とされ、その登記が認められている（採石法4条）。

これらすべての権利が登記できるわけではありません。次に、登記が認められる権利を挙げます（権利の内容は前ページ参照）。

所有権、地上権、永小作権、地役権、先取特権、質権、（根）抵当権、賃借権、採石権

登記できる権利とできない権利を見比べてもらえば分かるとおり、占有権と留置権を登記することは認められていません。

その代わりというわけではありませんが、民法上債権とされている賃借権は登記をすることが認められていますし、また、採石権というものも、別の法律に基づいて登記をすることが認められています。

Q8 権利の変動はどのように登記されるのですか？

A 登記できる権利はQ7で見たとおりですが、これらの権利変動をどのように公示するかという点について、民法では次のような規定を置いています。

> **民法177条**
> 不動産に関する物権の得喪及び変更は、不動産登記法その他の登記に関する法律の定めるところに従いその登記をしなければ、第三者に対抗することができない。

「得喪」とは文字どおり得ることと失うことですが、「得喪及び変更」だけでは、公示の方法として十分とはいえません。これでは、例えばAが自ら家を建てて建物の所有権を取得した場合（新たな所有権の発生）

でも、AがBから建物を購入した場合（Bからの所有権の承継）でも、単に「Aの所有権取得」という登記をすることになるからです。

そこで、不動産登記法では次のとおりとしました。

> 不動産登記法3条
> 　登記は、不動産の表示または不動産についての次に掲げる権利の保存等（保存、設定、移転、変更、処分の制限又は消滅を言う）についてする。

不動産登記法で民法より詳細に規定

民法の「得喪及び変更」について、不動産登記法では発生、変更、消滅の局面として「保存、設定、移転、変更、処分の制限または消滅」とし、詳細に規定したのです。それぞれの用語の意味を、ここで簡単に説明しておきます。

（1）保存と設定

保存と設定は、権利発生の局面を意味します。いずれも、ある権利が発生したという点は同じですが、その権利が生じた経緯に意思表示（分かりやすく言えば契約）があるかないかで、それぞれを分けています。

例えば、日曜大工を趣味とするAが、その趣味が高じてログハウスを建築した場合、Aはこの建物に対する所有権を取得することになります。これはA自身が建てたもので、だれかから購入したものではない（売買契約がない）ため、登記上は所有権「保存」登記となります。

これに対し、でき上がったログハウスを担保に金融機関が融資を行う場合、Aと金融機関の間には、抵当権設定「契約」が存在し、これによって抵当権が生じることとなるので、抵当権については、「設定」登記を

行うことになります。

(2) 移転と変更

移転と変更は、権利変更の局面を意味します。このうち「権利を有する人（権利の主体）」に変更があった場合は移転登記、「権利の内容（権利の客体）」に変更があった場合は変更登記を行うこととし、それぞれを区別しています。

例えば、AがBに建物を売ったとき、Bは建物の所有権を取得しますが、この場合、あくまでも所有権がAからBに移動しただけで、所有権の内容そのものに変更はありません。したがって、この場合は所有権「移転」登記を行うことになります。

変更というのは、例えば、すでに設定されている抵当権の登記について、その利息を3％から4％とするような場合を指します。これは抵当権の主体（抵当権者）に変更はなく、内容についての変更になるので、抵当権の「変更」登記を行うことになります。

登記に誤りがあった場合は「更正」

(3) 変更と更正

権利内容に変更があった場合は変更登記をすることは前述のとおりですが、登記をした当初からその内容に誤りがあった場合は「更正」となります。登記後に生じた内容の変更の場合は「変更」登記ということです。先の例で言えば、当初から利息を4％とすべきところ、3％として登記してしまったような場合に「更正」登記を行うことになります。

(4) 処分の制限と消滅

「処分の制限」とは、登記名義人がその権利を処分することを、法律によって制限することを認める場合をいいます。例えば、「差押」「仮差

押」「仮処分」の登記などがこれにあたります。

　また、「消滅」とは、権利消滅の局面を意味しますので、例えば、住宅ローンの利用などにより抵当権が設定された場合、ローンが完済されると抵当権は消滅します。このような場合は、抵当権の「抹消」登記を行うことになります。

Q9 登記は必ずしなければいけないのですか？

A　Aが所有する土地・建物を代金3000万円でBに売却するという契約が成立したケースで考えてみましょう。このとき、Bは必ず登記をしなければならないのでしょうか？

　結論から言えば、必ずしもその登記をする必要はありません。しかし一般的には、売買による所有権移転登記を行います。なぜ登記をするのかについて、順を追って説明します。

　まず、民法では売買について次のように定めています。

民法555条
　売買は、当事者の一方がある財産権を相手方に移転することを約し、相手方がこれに対して代金を支払うことを約することによって、その効力を生ずる。

　難しいことを言っているようですが、要は「お金を払って何かを買う」ということです。皆さんが日常で行っている「物を買う」という行為と同じ内容です。

では、民法555条の最後にある「その効力を生ずる」とは、どのような効力が生ずるということなのでしょうか。法律上の詳解は避けますが、大きく次の3つのことがいえます。
①売主は買主に対し「売買代金を支払え」と言うことができる
②買主は売主に対し「商品をよこせ」と言うことができる
③買主は購入した物の所有権を手に入れる

口約束でも売買契約は成立

前述のケースでいえば、Aが「売ります」、Bが「買います」という約束をすれば、売買の効力が生じるということです。すなわち、その瞬間に、Aには当該不動産を引渡す義務が生じ、Bには代金を支払う義務が生じます。ちなみに、ここでいう約束には口約束も含まれますから、必ずしも書面化する必要はありません（これを「諾成契約」という）。

なお、不動産売買の局面では、仲介業者が買主に対し「今度の大安にでも売主さんとお会いして『仮契約』を行いましょう」などと言ったりしますが、当事者間で「売ります」「買います」と合意をすれば、原則としてその日に売買契約は成立します。「仮契約」という言葉は便宜上よく使われているようですが、当事者間の合意が成立するならば、それは「本契約」といえます。

では次に、売買に伴う所有権の移転について考えてみましょう。その前に、そもそも所有権とはどういう権利なのかというと、民法では次のように規定されています。

> **民法206条**
> 　所有者は、法令の制限内において、自由にその所有物の使用、収益、処分をする権利を有する。

ここでいう「使用」は自ら利用することをいい、「収益」は、他人に貸して利用料を得たりすることをいいます。また、「処分」には、他人に所有物を譲渡したり、物理的に破壊したりすることが含まれます。つまり、所有者は所有物を自由にしてよい権利を有するということです。

　なお、所有権はＱ７で紹介したとおり物権の一つです。また、基本的に物に対する権利なので、人に対する所有権（例えば、奴隷のような制度）は認められていません。

第三者に主張するために登記が必要

　さて、話を戻しますが、ＢがＡから取得した土地に家を建てて住んでいたとします。そこにＣがやってきて、「この土地をＡから買いました。この土地は私のものです」と言ったらどうなるでしょうか。

　同一の物に対し、一方ではＢ、他方ではＣがその権利を有するといったことが起これば、当然、大きな問題が生じます。だからこそ前述のように、所有権などの物権には「排他的支配権」があり、「同一物に対し、同一内容の物権は１つしか成立しない」ということにしているのです。

　では、ＢとＣどちらが所有権を有するのでしょうか。実はこの解決を図ったのが、民法177条なのです。ここでもう一度紹介します。

民法177条
　不動産に関する物権の得喪及び変更は、不動産登記法その他の登記に関する法律の定めるところに従い、その登記をしなければ、第三者に対抗することができない。

　つまり、「この不動産は自分のものだ」ということを第三者に主張したければ、登記をしなさいということです。したがって、先のケースでＢが所有権移転登記を行っていたのであれば、ＣはＢに対し、自らが所

有者であると主張することはできません。

登記は必ずしもしなければならないものではありませんが、こうした意味合いから、不動産の売買では登記を行うことが一般的です。

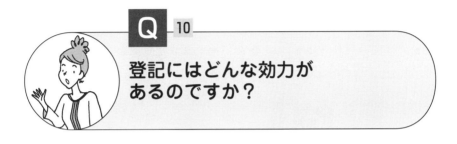

Q 10 登記にはどんな効力があるのですか？

A Q9で、登記により、第三者に対して権利を主張できることを説明しました。これを登記の「対抗力」といいます。そのほか、登記には次のような効力があります。

(1) 権利推定力

権利推定力とは、登記がされていれば、その登記どおりの権利変動があるだろうという推定を生じさせる効力のことです。判例によれば、AからBへの所有権移転登記を信頼したCが、Bの所有権の登記に対し、抵当権設定登記をした場合、仮にAB間の売買が無効であっても、特段の事情がない限り、Cに過失はないと推定される、としています。

ちなみに、このケースでCに無過失が推定されても、登記には公信力が認められていない（登記を信じて取引しても、権利が守られるわけではない。詳細は後述）ので、AB間の所有権移転が無効である場合、Cは抵当権を取得できません。

(2) 形式的確定力

形式的確定力とは、すでになされた登記が存在するときは、その登記の有効・無効にかかわらず、以後、その登記を無視して新しい登記をす

ることが認められないということです。

　例えばある土地に、存続期間を昭和50年12月31日までとする地上権の登記がなされていたとします。現在、地上権の存続期間は満了しているので、この登記を無視して、新たな地上権設定登記をすることができると思うかもしれませんが、それはできません（そもそも二重の地上権設定登記は認められていない）。新たに地上権設定登記をしたいのであれば、先の地上権の登記を抹消しなければならないということになります。

Q11 登記さえしてあればそれを信じていいのですか？

A　Q7で紹介したとおり、物権には排他性があります。しかしながら、物権は法律上の権利であり、権利は概念的なものです。ですから、実際にこれを目で見ることはできません。

　とはいえ、「目には見えないが排他性あり」とすると、取引の安全を害するので、物権を目に見えるようにすることで、取引の安全を図ることにしました。これを「公示の原則」といい、不動産取引においては、不動産登記制度がその役割を担っていることになります。

　なお、公示の原則においては、登記がなければ物権の移動もないという消極的信頼が保護されます。

登記に公信力はない

　一方で、登記には公信力がありません。「公信の原則」とは、一般に、権利の存在を推測させる外観を信頼して取引した者は、たとえその外観

が実質的権利を伴わなくても、公示どおりの権利を取得するという考え方です。大ざっぱに言えば、「見たものを信頼した者は救われる」ということになります。

　例えば、BがAの果樹園から盗んできたリンゴを持っていて、Cがそれを売ってほしいと言ったとします。このとき、BC間でのリンゴの売買が成立し、Cはリンゴと引き換えにBに代金を支払いました。

　本来ならば、Bの持っていたリンゴは盗んだリンゴなので、Bにリンゴの所有権はありません。したがって、CもBからリンゴの所有権を取得することができないということになりますが、これではCが気の毒なので、Bの外観（リンゴを所持していること）を信頼して取引をしたCを保護する、つまり、リンゴの所有権を認める――というのが「公信の原則」です。

　ところが、登記には公信力が認められていないため、登記を信頼して不動産取引を行ったとしても、その信頼は当然には保護されないことになります。

　例えば、Aが所有する土地について、BがAの知らない間に、AからBへ売買されたかのような登記をしたとします（不実の登記）。その後、B名義の登記がなされていることを信頼したCが、Bからこの土地を買い受けて、その旨の登記を行ったとします。

　この場合、Cはこの土地の所有権を取得することはできません。そもそもそんなことができるのかという疑問を持つ人もいるかもしれませんが、いわゆる地面師による犯罪として、昔からこうしたことが少なからずあったのも事実です。

　ですから、不動産登記制度は、現在の所有者がだれであるかということを公示すればよいだけでなく、これまでの権利変動の過程も記録する必要があるとされています。

第2章
登記記録の見方

1 登記記録の基本的な見方

　本章では、実際の登記記録の例を掲載し、その見方を解説していきます。まずは、どこに何が記載されているか、基本的な見方について説明します。

（1）表題部（土地）

表題部（土地の表示） ㋐			調製	（省略）	不動産番号	1234567891234 ㋑
地図番号	余白		筆界特定	余白		
所　　在 ㋒	中野区××一丁目			余白		
①地番 ㋓	②地目 ㋔	③地積　　㎡ ㋖	原因及びその日付〔登記の日付〕			
13番9	宅地	123 ː 45	（省略）			
余白	余白	67 ː 89 ㋗	③13番9、13番10に分筆 ㋑ 〔平成16年6月1日〕			

㋐表題部（土地の表示）
　この登記事項証明書が土地のものであることを、ここで確認することができます。

㋑不動産番号
　法務局（登記所）によって付された番号です。通常、土地は所在および地番によって不動産を特定しますが、この番号で不動産を特定することもできます。

㋒所在
　この土地がどこにあるかを示しています。

㋓地番

　この土地の具体的な場所を示しています。注意する必要があるのは、ここに記載されている地番と、実際にその土地上に住んでいる人の住所は、同一の土地であったとしても、必ずしも一致しないということです。ですから、ある土地の登記事項証明書を取得する場合には、その人の住所を確認するのではなく、不動産番号または不動産の所在および地番を確認する必要があります。

地目は現況と一致しないことも

㋔地目

　この土地の現況を表しています。記録例では「宅地」となっていますが、地目の分類には「田」「畑」「池沼」「山林」「公衆用道路」など様々なものがあります。

　注意すべきは、現時点において、必ずしも登記記録どおりの地目であるとは限らないということです。つまり、現況の地目を変更しても、その登記を行っていないような場合（いわゆる未登記）もあります。取引に際しては、現地を確認する必要があります。

㋕地積

　この土地の面積を表しています。記録例では「123.45」という数字の下にアンダーラインが引かれていますが、このアンダーラインは、当該事項が「朱抹」（抹消）されたことを示します。朱抹の理由については、㋖を見ると分かります。

　つまりこの土地は、もともとは13番9という1筆の土地だったものを、平成16年6月1日に13番9と13番10という2筆の土地に分筆したため、現在の13番9の土地は67.89㎡になった（㋗）ということです。

　なお、このアンダーラインの意味は、表題部に限らず、権利部においても同様に取り扱われます。

（2）表題部（建物）

表題部（主である建物の表示）⑦		調製	（省略）	不動産番号	1234567898765
所在図番号	余白				
所　　在 ⑰	中野区××一丁目1番地1		余白		
家屋番号 ㊃	1番1		余白		
①種類 ㊧	②構造 ㊪	③床面積　㎡ ㊎		原因及びその日付〔登記の日付〕	
居　宅	木造瓦ぶき平家建	1階　　23:45 2階　　21:09		昭和57年10月10日新築 〔昭和57年10月12日〕	
余白	余白	余白		昭和63年法務省令第37号附則第2条第2項の規定により移記 平成8年9月1日 ㊨	

⑦表題部（建物の表示）

　この登記事項証明書が建物のものであることを、ここで確認することができます。

㊑不動産番号

　法務局（登記所）によって付された番号です。通常、建物は所在および家屋番号によって不動産を特定しますが、この番号で不動産を特定することもできます。

⑰所在

　この建物がどこにあるかを示しています。土地の表題部でも解説したとおり、ここに記載された所在と、実際にその建物に住んでいる人の住所は、同一の建物であったとしても、必ずしも一致するものではありません。

㊃家屋番号

　この建物の番号を記載したものです。⑰の所在と同様、ここに記載された番号と、当該建物所有者の住所は必ずしも一致しません。

登記記録にすべてが反映されるわけではない

オ**種類**

この建物の種類を記載する部分で、記録例では居宅となっていますが、「事務所」や「倉庫」であれば、その旨が記載されます。

なお、土地の「地目」と同様、種類変更がなされた場合（「居宅」から「事務所」へ用途変更したような場合）でも、必ずしも登記記録にその旨が反映されているとは限りません（いわゆる未登記）ので、取引に際しては、現地を確認する必要があります。

カ**構造**

この建物の構造を記載する部分です。記録例では「木造瓦ぶき平家建」となっていますが、「鉄筋」「鉄骨」「陸屋根」「合金メッキ鋼板ぶき」といった記載もあります。

前記同様、建物の構造が変更されたとしても、必ずしも登記記録にその旨が反映されているとは限りません。

キ**床面積**

この建物の各階の床面積が記載される部分です。記録例では、1階23.45㎡、2階21.09㎡となっています。

こちらも、一部増築や取壊しがあった場合でも、必ずしも登記記録にその旨が反映されているとは限りません。

ちなみに、クの記載は、もともとこの建物の登記が登記簿（紙ベース）で記載されていたものを、平成8年9月1日にコンピュータ化したため、移記したということを表します。

したがって、これより前の所有者等を知りたいときは、コンピュータ化前の閉鎖登記簿謄本を取得する必要があります。

（3）権利部（甲区・乙区）

権利部（甲区）（所有権に関する事項）

順位番号	登記の目的	受付年月日・受付番号	権利者その他の事項
1 ㋐	所有権保存	昭和60年12月24日 第12345号	所有者　中野区××一丁目１番１号 　　近代一郎 順位１番の登記を移記
	余白	余白	昭和63年法務省令第37号附則第２条第２項の規定により移記 平成12年12月12日
2	所有権移転	平成22年６月６日 第67890号	原因　平成22年６月６日売買 所有者　中野区××一丁目１番１号 　　現代三郎

権利部（乙区）（所有権以外の権利に関する事項）

順位番号	登記の目的	受付年月日・受付番号	権利者その他の事項
1	抵当権設定	平成22年６月６日 第67891号	原因　平成22年６月６日金銭消費貸借同日設定 債権額　金2,000万円 利息　年2.5％ 損害金　年14.5％ 債務者　中野区××一丁目１番１号 　　現代三郎 抵当権者　中野区××一丁目２番３号 　　Ｘ信用金庫 共同担保　目録（な）第1111号

　次に、登記記録の権利部を見ていきましょう。表題部は土地と建物で記載事項が異なりますが、権利部は同じです。甲区には所有権に関する事項、乙区には所有権以外の権利に関する事項が記載されます。

　権利部の順位番号（㋐）は、権利関係を見るうえで非常に重要な意味を持っています。記録例を詳しく見ていく前に、「登記の順位」と「主登記・付記登記」について、ここで説明しておきます。

①登記の順位

　権利に関する登記は、甲区・乙区とも１番から順番になされます。
　甲区または乙区における優先順位はこの順番によって決まり、甲区および乙区間においては、受付年月日・受付番号の順によって決まります。

「甲区または乙区」「甲区および乙区間」の違いが分かりにくいかもしれませんので、具体的に説明しましょう。

例えば、抵当権の登記は権利部の乙区になされますが、同じ抵当権でも、1番と2番の抵当権では、1番の抵当権が2番の抵当権に優先します。もし競売になれば、その配当は、1番の抵当権者が優先して受けることになります。

一方、甲区には所有権に関する事項も登記されるので、不動産の所有権を差し押さえた場合、その登記は甲区になされます。ここで、乙区に抵当権の登記がある場合、どちらが優先するのでしょうか。

例えば、ある不動産の所有者をAとして、甲区1番でA名義の所有権の登記がなされていたとします。このとき、Aの所有権をBが差し押さえると、その登記は甲区2番でなされることになります。

この不動産の乙区に、順位1番でCの抵当権の登記がなされていた場合、甲区2番の差押の登記は、乙区1番の抵当権の登記に遅れるか——ということですが、前述のとおり、甲区および乙区間の前後は、受付年月日・受付番号によるので、Bの差押登記が必ずしもCの抵当権の登記に遅れるわけではありません。

法律の定めがある場合に付記登記が認められる

②主登記・付記登記

前述のとおり、登記は甲区・乙区とも1番から順位を付してなされ、その前後も順位番号ないしは受付年月日・受付番号の順によります。このような独立の順位番号を付してなされる登記のことを「主登記」といいます。

登記は原則として主登記でなされますが、この原則を貫くと、ある不都合が生じるため、例外的に「付記登記」でなされることがあります。

例えば、ある土地に、1番抵当権A、2番抵当権Bの登記がなされて

いたとします。登記からAの抵当権がBの抵当権に優先することは明らかですが、ここで、Aが1番抵当権で担保されている債権をCに譲渡したとします。このとき、CはAから当該債権を譲り受けるのと同時に、Aの1番抵当権も取得しますが（これを「随伴性」という。詳しくは後述）、この登記を主登記で行うと、1番抵当権A、2番抵当権B、3番抵当権Cとなってしまいます。

当然のことながら、CはAの1番抵当権という優先権をも取得しているのですが、このような登記では、Cが取得した抵当権がBの抵当権に劣後しているかのような記載となり、実体を反映しているとは言い難いものになります。そこで、このような場合、Cが取得した抵当権はAからのものであり、その順位も1番であることを明らかにするため、当該登記（抵当権移転登記）は、Aの1番抵当権に"くっつける"形で登記をすることとしたのです。このような登記を付記登記といいます。

なお、付記登記は、法律等で特別の定めがある場合にのみ認められるため、申請人が「今回は付記登記で」などと言うことはできません。

所有権が移転しても過去の所有者は抹消しない

それでは、改めて権利部の詳細を甲区から見ていきましょう（次ページ上）。

⑦順位番号

登記の順位については、前述のとおりです。

権利部（甲区）（所有権に関する事項）			
順位番号	登記の目的 ⓘ	受付年月日・受付番号	権利者その他の事項 ⓦ
1 ⓐ	所有権保存	昭和60年12月24日 第12345号	所有者　中野区××一丁目１番１号 　　　　近代一郎 順位１番の登記を移記
	余白	余白	昭和63年法務省令第37号附則第２条 第２項の規定により移記 平成12年12月12日
2	所有権移転 ⓞ	平成22年６月６日 第67890号	原因　平成22年６月６日売買 ⓔ 所有者　中野区××一丁目１番１号 　　　　現代三郎

ⓘ登記の目的

　ここには、どういう権利について、どんな目的で登記をするかということが記載されます。記録例では、順位１番で近代一郎が所有者である旨の登記（所有権保存登記）がされており、次いで２番で現代三郎に所有者が変わった旨の登記（所有権移転登記）がなされています。

ⓦ権利者その他の事項

　権利者（所有権なら所有者）の名前と住所、登記原因がここに記載されます。記録例では、現代三郎の取得原因は「売買」となっていますので（ⓔ）、現代三郎が近代一郎から売買によって所有権を取得したことが分かります。

　なお、２番の登記の目的は「所有権移転」（ⓞ）となっているため、所有権は100％現代三郎に移転（現代三郎が100％取得）したことが分かりますが、近代一郎が現在の所有者ではないことを示すために、その記載を抹消等（アンダーライン）することはありません。

　確かに、近代一郎の記載を抹消したほうが、現在の所有者は分かりやすくなるのですが、この点について法律上の考え方は、近代一郎という「人」ではなく、所有権という「権利」そのものに着目して考えているのです。つまり、近代一郎に視点を置けば、確かに近代一郎の所有権は現代三郎に対する売買によりすでに失われていることになりますが、所有権という権利自体に視点を置けば、今回の売買で所有権自体が失われ

たわけではない、ということになります。したがって、近代一郎の所有権（があったこと）の登記を抹消する必要はない、とされるのです。

そうすると、「現在の所有者がだれであるかを知るには、甲区の順位番号の後ろから見たほうが早いのではないか」と考える人もいるかもしれませんが、一義的にはよくても、権利関係が複雑な場合、見落としてしまうこともあり得ます。ケースにもよりますが、できれば、順位1番から権利変動の過程を確認するほうがよいでしょう。

続いて、権利部乙区の記載を見てください。

権利部（乙区）（所有権以外の権利に関する事項）			
順位番号	登記の目的 ㋐	受付年月日・受付番号	権利者その他の事項 ㋑
1	抵当権設定	平成22年6月6日 第67891号	原因　平成22年6月6日金銭消費貸借同日設定 債権額　金2,000万円 利息　年2.5% 損害金　年14.5% 債務者　中野区××一丁目1番1号 　　　　現代三郎 抵当権者　中野区××一丁目2番3号 　　　　X信用金庫 共同担保　目録（な）第1111号

㋐登記の目的

乙区には、所有権以外の権利に関する事項が記載されますので、登記の目的には、抵当権や根抵当権、地上権、賃借権などに関することが入ります。記録例では「抵当権設定」となっています。

㋑権利者その他の事項

登記原因と権利の内容がここに記載されます。例えば抵当権なら、「債権額」「利息」「損害金」「債務者」「抵当権者」などです。

記録例では、「原因　平成22年6月6日金銭消費貸借同日設定」となっていますので、債務者である現代三郎が、X信用金庫からお金を借りて、この不動産が担保となったことが分かります。

抵当権については別の節で紹介しますが、簡単に言えば、現代三郎が

ローンを支払えなくなったとき、この不動産を競売に出し、その競売代金でX信用金庫はローンの回収を図ることができるということです。

　所有権が、その建物を自ら利用したり（使用）、だれかに貸したり（収益）、売却したり（処分）することができる権利であるのに対し、抵当権は基本的に売却（処分）することが認められる権利ということになります（もちろん、ローンの支払いが約定どおり続いている限りは、勝手に売却することはできません）。

2 所有権に関する登記

1 所有権保存登記

　所有権保存登記とは、所有権に関して初めてする登記のことをいい、一般的には、建物が新築されたときに行われるケースが多く見受けられます（土地についても、公有水面が埋め立てられる等によって新たに土地が生じた場合は、所有権保存登記を行うことがある）。

　所有権の登記がない場合、表題部に所有者の住所と氏名（所有者が会社の場合は本店所在地および商号）が記載されます。所有権保存登記がなされると、記録例1のように、表題部所有者の氏名または名称および住所が抹消されます（㋐）。

　ただし、コンピュータ化以前に表題登記と所有権保存登記がなされた場合については、コンピュータ化後の記録に、表題部所有者は記載されません。

記録例1　表題部所有者の抹消

表題部（主である建物の表示）			調製	余白	不動産番号	1234567891234
所在図番号	余白					
所　　在	中野区××一丁目2番地3			余白		
家屋番号	2番3			余白		
①種類	②構造	③床面積　㎡		原因及びその日付〔登記の日付〕		
居宅	鉄筋コンクリート造陸屋根2階建	112	30	平成○年○月○日新築〔平成○年○月○日〕		
		98	10			
所有者	中野区××二丁目3番4号　　近代一郎 ㋐					

では、さっそくですが、所有権保存登記の記録例を見ていきたいと思います。

（１）普通建物（戸建て）の所有権保存登記
記録例２　単有の場合

権利部（甲区）（所有権に関する事項）			
順位番号	登記の目的	受付年月日・受付番号	㋑権利者その他の事項
1	所有権保存	平成○年○月○日 第12345号	所有者　中野区××一丁目１番１号 甲田一郎

記録例３　共有の場合

権利部（甲区）（所有権に関する事項）			
順位番号	登記の目的	受付年月日・受付番号	権利者その他の事項
1	所有権保存	平成○年○月○日 第67890号	共有者㋒ 中野区××一丁目１番１号 持分３分の１㋓ 甲田一郎 中野区××二丁目２番２号 ３分の１㋓ 乙山次郎 中野区××三丁目３番３号 ３分の１㋓ 丙川三郎

　記録例２は甲田一郎が単独所有する場合、記録例３は、甲田一郎、乙山次郎、丙川三郎の３名で共有する場合の所有権保存登記です。

　記録例２では、甲田一郎が単独取得しているので、「権利者その他の事項」欄には「所有者」の頭書きがなされ（㋑）、その氏名・住所の記載があります。これに対し、記録例３は、３名で共有するため、「権利者その他事項」欄には、「共有者」と記載され（㋒）、各人の氏名・住所のほかに、それぞれの持分割合が記載されています（㋓）。

（２）敷地権付区分建物の所有権保存登記

記録例4　敷地権付区分建物の場合

権利部（甲区）（所有権に関する事項）			
順位番号	登記の目的	受付年月日・受付番号	権利者その他の事項
1	所有権保存	平成○年○月○日 第54321号	原因　平成○年○月○日売買 オ 所有者　中野区××一丁目1番1号 　　　　甲田一郎

　記録例4は、敷地権付区分建物を、甲田一郎が単独で所有する場合の所有権保存登記の記録例です（敷地権付区分建物については126ページを参照）。

　敷地権付区分建物と普通建物の記録例の違いですが、「権利者その他の事項」欄に、所有者の氏名・住所のほか、一般的に登記原因およびその日付が記載されている点が挙げられます（オ）。

（３）所有権保存登記をすることができる者（申請適格者）

　所有権保存登記をすることができる者（申請適格者）は法定されており、以下がその適格者とされています。

①表題部に所有者として記載されている者（不動産登記法74条1項1号）
②表題部所有者の相続人（同法74条1項1号）
③判決により、自身の所有権を証する者（同法74条1項2号）
④収用により所有権を取得した者（同法74条1項3号）
⑤区分建物について、表題部所有者から直接所有権を取得した者（同法74条2項）

①表題部に所有者として記載されている者

　例えば、表題部所有者としてAが記載されている場合、BがAから当該不動産を譲り受けたとしても、直接B名義で所有権保存登記をすることはできません。いったんA名義で所有権保存登記をした後に、Aから

Bへ移転登記をすることになります。

②表題部所有者の相続人

　例えば、表題部所有者としてAが記載されているが、A名義の所有権保存登記をする前にAが死亡し、その相続人がBである場合、Bには直接自らを名義人とする所有権保存登記をすることが認められています。

　では、Aの相続人がB・C・Dのように複数おり、それぞれが法定相続分（各3分の1ずつとする）で相続する場合や、相続人全員による遺産分割が成立し、B・Cが各2分の1ずつ相続することとなった場合は、どのように登記をするのでしょうか。

　この場合は、それぞれの結果に基づいて登記をすればよいので、前者なら「共有者（各）持分3分の1　B、C、D」となり、後者であれば「共有者（各）持分2分の1　B、C」と記録されます。

　なお、複数の相続人で所有権保存登記を行う場合、原則として当該相続人全員が所有権保存登記の申請人となりますが、例外として、相続人のうちの1人が申請人となって行うことも認められています。

　例えば、Aの相続人がB・C・Dの3名で、それぞれが3分の1ずつを相続したとき、原則としては3名全員が所有権保存登記の申請人となるべきなのですが、Bのみが申請人となって、B・C・D名義とする所有権保存登記をすることも認められています。もっとも、Bが自己の持分（設例では3分の1）のみを目的とする所有権保存登記（つまり、C・Dについては除外する登記）は認められていません。

申請人以外は登記識別情報を得られない

　仮に、Bのみが申請人となって、B・C・D名義の所有権保存登記をする際には、注意すべき点もあります。

　例えばB・C・D間で相続について争いがあるような場合や、相続人

の中の一部に行方不明者がいるような場合でも、前述のように、法定相続分であればそのうちの1人から相続人全員名義で所有権保存登記を行うことができます。これにより、その後の登記（例えばBの持分のみを譲渡するなど）を進めることが可能になるというメリットもあるのですが、次の点には注意を払う必要があります。

・相続人の1人が、自己の持分のみを登記することはできない

　先の例では、Bは自己の持分である3分の1だけを登記することはできず、BのほかにC・Dも各3分の1ずつの持分であるとして登記しなければならないことになります。

・申請に関与しなかった者には、登記識別情報が提供されない

　先の例で、Bのみが申請人となり、B・C・D各3分の1ずつを持分とする所有権保存登記を行ったとします。この場合、C・Dは当該申請に関与していないため、この登記が終わっても、C・Dには登記識別情報が提供されないことになります。登記識別情報については次章でも述べますが、簡単に言えば、CとDは権利証がない状態となります。

・一度、法定相続分で所有権保存登記を行った後に遺産分割協議が成立し、結果、相続人中の1人が当該不動産を単独取得することとなったような場合は、その旨の登記が必要

　例えば、B・C・D間で相続について争いがあり、Bが法定相続分に基づいてB・C・D名義での所有権保存登記を行った後に、結局はこの3者間で遺産分割が成立し、結果当該不動産をBが単独で取得することとなった場合、B単独名義とする登記は別途行わなければならず（遺産分割を原因とするC・D持分全部移転登記）、改めて、登録免許税や司法書士に委任する場合にはその報酬が必要となります。そればかりか、前述のとおり、このケースではC・Dに登記識別情報がないため、さらなる手続きを要することとなり、慎重な検討が必要です。

③判決により、自身の所有権を証する者

　例えば、表題部所有者としてAが記載されているが、判決によってBに所有権が認められたような場合は、直接B名義とする所有権保存登記を行うことが認められています。

④収用により所有権を取得した者

　収用によって所有権を取得した者も、所有権保存登記の申請適格を有するとされています。収用とは、公共事業に供するために土地の所有権等を取得することをいいます。

分譲マンションは購入者名義で保存登記できる

⑤区分建物について、表題部所有者から直接所有権を取得した者

　区分建物とは、簡単に言えば、新築の分譲マンションを指します。新築の分譲マンションの場合、表題部所有者には分譲業者が記載されることになっているため、所有権保存登記ができる者が前述の①～④に限られると、マンション購入者が保存登記をするには、判決によらざるを得なくなってしまいます。これではあまりに現実的ではないため、分譲マンションにおいては、直接の購入者に所有権保存登記を認めることとされました。

　したがって、表題部所有者として「株式会社○○デベロッパー」「○○不動産株式会社」などと記載のある新築分譲マンションを購入した場合は、直接、購入者の名義で所有権保存登記をすることが認められています。

- 登記のマメ知識 -

所有権保存登記・移転登記の税率の違い

　不動産登記法第74条2項には「区分建物にあっては、表題部所有者から所有権を取得した者も、所有権保存登記を申請することができる」とあります。いわゆる分譲マンションの購入者にも所有権保存登記を認めた規定ですが、これは、普通建物の税率との間に差異を生じないようにするためとされています。

　つまり、分譲マンションの場合、表題部所有者は分譲業者に固定されるため、本条の規定がないと、所有権保存登記の名義人が分譲業者になってしまいます。そうなると、その後、このマンションを購入した人は、売買を原因とする所有権「移転」登記をしなければならないことになります。

　ここで問題になるのが登録免許税の税率です。所有権保存登記、移転登記の税率は次のようになっています。

・所有権保存登記……原則として不動産の価格の1000分の4
・所有権移転登記……原則として不動産の価格の1000分の20

　これが適用されると、新築戸建て（普通建物）を購入した人は1000分の4の税率でよいところ、新築マンションを購入した人は1000分の20の税率を負担しなければならず、不公平になってしまいます。そこで、この差を埋めるためにも、本条ができたとされているのです（なお、所有権移転登記においても、土地については租税特別措置法の適用を受けられる場合があり、また、建物についても住宅用であることや床面積などの条件を満たせば、一定の軽減税率の適用を受けられる場合がある）。

2 所有権移転登記

　所有権移転登記は、所有権保存登記がなされた後、権利の承継が生じたときに行われる登記です。承継される原因は大きく①包括承継（相続など）と②特定承継（売買など）に分けることができます。それぞれの承継原因は多岐にわたりますが、特別難しいことはありません。まずは、一般的に見かけるであろう登記記録例を紹介したいと思います。

(1) 包括承継（相続）

記録例1　通常の相続（共同相続）

権利部（甲区）（所有権に関する事項）			
順位番号	登記の目的	受付年月日・受付番号	権利者その他の事項
1	所有権保存	平成○年○月○日 第12345号	所有者　中野区××一丁目2番3号 　　　　甲田太郎 ㋐
2	所有権移転 ㋑	平成○年○月○日 第67890号	原因　平成○年○月○日相続 ㋒ 共有者 　中野区××一丁目1番1号 　持分4分の2 　　　　甲田一郎 　中野区××二丁目2番2号 　　　　4分の1 　　　　乙山次郎 　中野区××三丁目3番3号 　　　　4分の1 　　　　丙川花子

　記録例1は、当初、甲田太郎が所有権保存登記を行い（㋐）、その後、甲田太郎が死亡し、その共同相続人である甲田一郎、乙山次郎、丙川花子が「相続」を原因として所有権移転登記をした記録例となります。順位番号について、今回の相続登記による所有権移転登記は2番でなされていますが、もし、甲田太郎の所有権取得の登記が保存登記ではなく、所有権移転登記であった場合は、その後の順位番号が付されます。

　甲田一郎他が取得した権利の内容ですが、登記の目的には「所有権移転」と記載されていますから（㋑）、甲田太郎の所有権100％が3人に移

転したことになります。ちなみに、甲田太郎の有していた権利がそもそも50％（持分2分の1）であるような場合は、登記の目的欄に「甲田太郎持分全部移転」と記載されます。

所有権移転の原因が相続であることは、「権利者その他の事項」欄に記載されています（ウ）。甲田太郎の死亡を原因とし、その権利が3人に移転するので、甲田太郎の死亡の日が原因日付となり、続いて「相続」と記載されます。

遺産分割協議の成立時期により記録が異なる

相続の場合、遺産分割協議が成立し、共同相続人の中の一人が特定の不動産を承継取得するケースも多く見受けられます。

記録例2・3はどちらも、遺産分割協議が成立し、甲田一郎が単独取得する場合なのですが、記載の仕方に違いがあります。記録例2は記録例1と同様、相続によって所有権が移転しただけであるのに対し、記録例3では新たな順位番号が付され、遺産分割が行われたことが「権利者その他の事項」欄から分かります（エ）。

記録例2　遺産分割が行われた場合①

権利部（甲区）（所有権に関する事項）			
順位番号	登記の目的	受付年月日・受付番号	権利者その他の事項
1	所有権保存	平成○年○月○日 第12345号	所有者　中野区××一丁目2番3号 　　　　甲田太郎
2	所有権移転	平成○年○月○日 第67888号	原因　平成○年○月○日相続 所有者　中野区××一丁目1番1号 　　　　甲田一郎

記録例3　遺産分割が行われた場合②

権利部（甲区）（所有権に関する事項）			
順位番号	登記の目的	受付年月日・受付番号	権利者その他の事項
1	所有権保存	平成○年○月○日 第12345号	所有者　中野区××一丁目2番3号 　甲田太郎
2	所有権移転	平成○年○月○日 第67890号	原因　平成○年○月○日相続 共有者 　中野区××一丁目1番1号 　持分4分の2 　甲田一郎 　中野区××二丁目2番2号 　4分の1 　乙山次郎 　中野区××三丁目3番3号 　4分の1 　丙川花子
3	乙山次郎、丙川花子持分全部移転	平成○年○月○日 第68970号	原因　平成○年○月○日遺産分割 所有者 　中野区××一丁目1番1号 　持分2分の1 　甲田一郎

　なぜこのような違いが生じるのでしょうか。実はこれは、共同相続「登記前」に遺産分割協議が成立したのか、それとも、共同相続「登記後」に遺産分割協議が成立したかという違いなのです。記録例2は共同相続登記前、記録例3は共同相続登記後の遺産分割となります。

　遺産分割の効果について、民法909条は次のように規定しています。

民法909条
　遺産の分割は、相続開始の時に遡ってその効力を生ずる。ただし、第三者の権利を害することはできない。

　効力の発生時期が、ある時点に遡って生じる規定を「遡及効」といいますが、遺産分割にはこの遡及効があるということです。つまり、遺産分割が成立した場合、その効力の発生は相続開始日となります。

そうなると、登記原因日付は相続開始日、登記原因も相続になるという考え方が基本になりますので、「記載例3は、そもそも順位2番の共同相続登記が誤っていることになってしまうのではないか」と考える人がいるかもしれません。しかし、登記に関する先例においては、共同相続登記前に遺産分割協議が成立すれば「相続」、登記後なら「遺産分割」による登記を行うこととされています。

（2）包括承継（合併）

会社の合併も、相続と同様に包括承継と解されているため、所有権移転登記が行われることになります（記録例4）。

記録例4　会社の合併による承継

権利部（甲区）（所有権に関する事項）			
順位番号	登記の目的	受付年月日・受付番号	権利者その他の事項
1	所有権保存	平成○年○月○日 第12345号	所有者　新宿区××一丁目2番3号 　　　　A株式会社
2	所有権移転	平成○年○月○日 第67777号	原因　平成○年○月○日合併 所有者　新宿区××一丁目1番1号 　　　　B株式会社

「所有権移転」の記載は100％移転を示す

（3）特定承継（売買）

次に、特定承継に関する登記記録を見ていきます。一般的によく見かけるものとしては売買や贈与などがありますが、ここでは売買を原因とするものを紹介します（記録例5）。

これは、当初、東西一郎が不動産を取得したことによって所有権保存登記（順位番号1）がなされた後、東西一郎が南北次郎に対し、その不動産を売却した際（順位2番）の記録例です。

記録例5　売買

権利部（甲区）（所有権に関する事項）			
順位番号	登記の目的	受付年月日・受付番号	権利者その他の事項
1	所有権保存	平成○年○月○日 第12345号	所有者　中野区××一丁目5番6号 　　　　東西一郎
2	所有権移転オ	平成○年○月○日 第67777号	原因　平成○年○月○日売買カ 所有者　中野区××一丁目1番1号 　　　　南北次郎

　登記の目的は「所有権移転」と記載されていますから（オ）、東西一郎の所有権100％が南北次郎に移転したことになります。相続のケースでも説明しましたが、もし東西一郎が有していた権利がそもそも50％（持分2分の1）であり、そのすべてを売却したような場合、登記の目的は「東西一郎持分全部移転」と記載されることになります。

　「権利者その他の事項」に記載のあるとおり、「売買」を原因とする所有権移転のため、東西一郎・南北次郎の間の売買契約に基づく所有権移転の日が原因日付として記載されます（カ）。

原因日付＝売買契約成立日ではない

　この原因日付ですが、あくまで所有権が移転した日を記載するので、必ずしも当事者間で売買契約が成立した日とは限りません。

　第1章でも説明したとおり、売買契約成立の効果として、原則、所有権は移転することになるのですが、当事者間において、売買契約とは異なる時期に所有権が移転するという特約も有効です。通常、第三者間で行われる不動産売買の場合、この特約が付されています。

　具体的には、売買契約締結時は手付金を支払い、後日、残代金の支払いが行われたときに所有権が移転するという方法が取られたような場合です。もちろん、このような特約が無い場合は、売買契約と同時に所有権が移転すると解されていますから、原因日付が売買契約締結時と同時

ということもありますが、特約の有無については、登記記録からは分かりません。

なお、AからB・Cに各2分の1ずつ売却されたような場合には、共有者の頭書きと、各人の持分及び氏名・住所が記載されるという点は、相続の記録例と同じです。

贈与、財産分与、時効取得も登記原因に

（4）その他の登記原因

相続、合併、売買以外の原因でも所有権は移転します。それぞれの登記原因が記載されることになりますが、登記記録としては、「権利者その他の事項」欄に、それぞれの原因・日付が記載されるだけで、登記の方法自体は変わりません。以下に、代表的な登記原因を紹介します。

①贈与

贈与とは、当事者の一方が、自己の財産を無償で相手方に与える意思表示をし、相手方がこれを受諾することによって生じる契約のことをいいます（民法554条）。言い換えれば、タダで物をあげるということになります。もちろん、一方的に「あげます」とするだけではダメで、相手がこれを「もらいます」と受諾する必要があります。

②財産分与

協議上の離婚をした者の一方は、相手方に対して財産の分与を請求することができます（民法768条1項）。また、当事者間で協議が調わないときなどは、家庭裁判所に対して協議に代わる処分を請求することができます（同2項）。

なお、財産分与は離婚の効果とされているので、離婚前に成立した財産分与に基づく所有権（持分）移転登記はすることができず、この場合、

離婚後に離婚した日を原因日付として所有権（持分）移転登記を行うことになります。一方、離婚後に財産分与が成立したときは、財産分与が成立した日を原因日付として所有権（持分）移転登記を行うことになります。

③時効取得

20年間所有の意思をもって、平穏かつ公然に他人の物を占有した者は、その所有権を取得することができます（民法162条1項）。また、10年間所有の意思をもって、平穏かつ公然に他人の不動産を占有した者は、その占有の初めに善意かつ無過失であるときは、その不動産の所有権を取得することができます（同2項）。

これはいわゆる「取得時効」というものです。詳解は避けますが、一定の条件下で、他人の物を自分の物とすることが認められた規定です。

なお、時効にも遡及効が認められているので、時効を原因とする所有権移転の日は、起算日（占有開始日）に遡ります（民法144条）。

これ以外に、譲渡担保、寄付、現物出資、交換、代物弁済、遺贈、持分放棄、真正なる登記名義の回復、共有物分割、信託なども所有権移転の登記原因となります。

一見しただけでは所有者が分からないことも

記録例を見れば分かりますが、所有権移転登記がなされても、前所有者の表示は抹消されません。39ページで解説したとおり、所有権が移転しても、前所有者の所有権が消滅するわけではないからです。

順位番号が1～3番程度のものや、順位番号が10番程度まであっても、そのすべてが所有権移転である場合など（持分移転が複雑に絡み合っていないもの）は、当該不動産の所有者を特定することは難しくありませ

んが、一見しただけでは所有者が分かりづらい登記記録も珍しくありません。しかしながら、不動産を担保にする場合などに、不動産の所有者が分からないと、関係書類をもらったり、印鑑を押してもらったりする際に不都合が生じます。ここで、数パターンの記録例と、それに対応する権利移転の内容を見てみましょう（記録例10まで順位番号1は省略）。

記録例6　所有権全部移転

権利部（甲区）（所有権に関する事項）			
順位番号	登記の目的	受付年月日・受付番号	権利者その他の事項
2	所有権移転	平成○年○月○日 第10000号	原因　平成○年○月○日売買 所有者　渋谷区××一丁目2番3号 　　　　甲山太郎　㋕
3	所有権移転	平成○年○月○日 第12121号	原因　平成○年○月○日売買 共有者 　渋谷区××一丁目1番1号 　持分2分の1 　山川一郎 　渋谷区××二丁目1番2号 　　2分の1 　山川花子

　記録例6は、甲山太郎の所有権（100％）が山川一郎（50％）、山川花子（50％）に移転した場合の記録例です。なお、当該不動産の所有権が1人の者に移転した場合（100％→100％）は、順位番号2のように単に「所有者」として単独の記載になります（㋕）。

記録例7　所有権一部移転

権利部（甲区）（所有権に関する事項）			
順位番号	登記の目的	受付年月日・受付番号	権利者その他の事項
2	所有権移転	平成○年○月○日 第11111号	原因　平成○年○月○日売買 所有者　目黒区××一丁目2番3号 　　　　山本一郎
3	所有権一部移転	平成○年○月○日 第22222号	原因　平成○年○月○日売買 共有者 　目黒区××二丁目1番1号 　持分2分の1 　川原太郎

記録例7は、所有権（100％）の一部（記録例では50％）を移転した場合です。この結果、当該不動産は山本一郎、川原太郎の共有となります。

記録例8　共有持分の全部移転

権利部（甲区）（所有権に関する事項）			
順位番号	登記の目的	受付年月日・受付番号	権利者その他の事項
2	所有権移転	平成〇年〇月〇日 第12345号	原因　平成〇年〇月〇日売買 共有者 　目黒区××一丁目1番1号 　持分2分の1 　山田太郎 　目黒区××二丁目2番2号 　2分の1 　山田はなこ
3	山田太郎持分 全部移転	平成〇年〇月〇日 第23232号	原因　平成〇年〇月〇日売買 共有者 　渋谷区××一丁目1番1号 　持分2分の1 　川本次郎

　記録例8は、山田太郎（50％）と山田はなこ（50％）が共有する不動産について、山田太郎の持分すべて（50％）を川本次郎に移転する場合の記録例です。この結果、当該不動産は山田はなこと川本次郎の共有となります。

　もし、順位番号3において、山田はなこに持分全部が移転した場合には、山田はなこの単独所有（100％）となります。

記録例9　共有者全員持分全部移転

権利部（甲区）（所有権に関する事項）			
順位番号	登記の目的	受付年月日・受付番号	権利者その他の事項
2	所有権移転	平成○年○月○日 第13456号	原因　平成○年○月○日売買 共有者 　　杉並区××一丁目1番1号 　　持分2分の1 　　　谷川一郎 　　杉並区××二丁目2番2号 　　　2分の1 　　　谷川次郎
3	共有者全員持分全部移転	平成○年○月○日 第22333号	原因　平成○年○月○日売買 所有者　中野区××一丁目1番1号 　　　　佐藤歩美

　記録例9は、谷川一郎（50％）と谷川次郎（50％）が共有する不動産について、2人の持分のすべてを佐藤歩美に移転した（100％）場合の記録例です。この結果、当該不動産は佐藤歩美の単独所有となります。

記録例10　1人を除く共有者持分全部移転

権利部（甲区）（所有権に関する事項）			
順位番号	登記の目的	受付年月日・受付番号	権利者その他の事項
2	所有権移転	平成○年○月○日 第12123号	原因　平成○年○月○日売買 共有者 　　品川区××一丁目1番1号 　　持分3分の1 　　　森山一郎 　　品川区××二丁目2番2号 　　　3分の1 　　　森山恵 　　品川区××三丁目3番3号 　　　3分の1 　　　山下次郎
3	森山一郎、森山恵持分全部移転	平成○年○月○日 第2233号	原因　平成○年○月○日売買 共有者　大田区××一丁目1番1号 　　持分3分の2 　　　川島里美

記録例10は、山下次郎を除く共有者全員の持分全部移転の記録例です。順位番号２番においてはそれぞれ森山一郎、森山恵、山下次郎の持分は３分の１ずつでした。順位番号３番で森山一郎と森山恵の持分はすべて川島里美に移転しています。この結果、当該不動産は山下次郎と川島里美の共有となります。

　このように、所有権は相続、贈与、売買などを原因として移転します。登記記録には、その結果、現在の所有者はだれなのかということが示されています。前にも述べたように、持分の移転が複雑な場合などは、一見して所有者を判断しづらいかもしれませんが、順位番号に沿って１つひとつたどっていけば、必ず把握することができます。
　次のページでは、所有権に関する登記記録の演習問題を用意しましたので、ぜひ挑戦してみてください。

演習問題に挑戦！（その１）

下記の登記記録について、不動産の現在の所有者と持分はどうなっているでしょうか。（解答・解説は62ページ）

第１問

権利部（甲区）（所有権に関する事項）			
順位番号	登記の目的	受付年月日・受付番号	権利者その他の事項
1	所有権保存	平成○年○月○日 第12342号	所有者　中野区××一丁目１番１号　A
2	所有権移転	平成○年○月○日 第212122号	原因　平成○年○月○日相続 所有者　中野区××一丁目１番２号　B
3	所有権一部移転	平成○年○月○日 第33468号	原因　平成○年○月○日売買 共有者　中野区××一丁目２番３号　持分２分の１　C
4	B持分全部移転	平成○年○月○日 第45666号	原因　平成○年○月○日贈与 共有者　中野区××二丁目３番４号　持分２分の１　D

解答：

第２問

権利部（甲区）（所有権に関する事項）			
順位番号	登記の目的	受付年月日・受付番号	権利者その他の事項
1	所有権保存	平成○年○月○日 第12222号	所有者　杉並区××一丁目１番１号　A
2	所有権移転	平成○年○月○日 第22334号	原因　平成○年○月○日相続 所有者　杉並区××一丁目１番２号　B
3	所有権一部移転	平成○年○月○日 第34566号	原因　平成○年○月○日売買 共有者　杉並区××一丁目２番３号　持分３分の１　C
4	B持分一部移転	平成○年○月○日 第45456号	原因　平成○年○月○日贈与 共有者　杉並区××二丁目３番４号　持分３分の１　D

解答：

第3問

権利部（甲区）(所有権に関する事項)			
順位番号	登記の目的	受付年月日・受付番号	権利者その他の事項
1	所有権保存	平成○年○月○日 第11122号	所有者　渋谷区××一丁目1番1号 　　　　A
2	所有権移転	平成○年○月○日 第13579号	原因　平成○年○月○日相続 所有者　渋谷区××一丁目1番3号 　　　　B
3	所有権移転	平成○年○月○日 第24680号	原因　平成○年○月○日相続 共有者　渋谷区××一丁目2番3号 　　　　持分5分の1 　　　　C 　　　　渋谷区××二丁目3番4号 　　　　5分の1 　　　　D 　　　　渋谷区××三丁目2番4号 　　　　5分の1 　　　　E 　　　　港区××一丁目2番3号 　　　　5分の1 　　　　F 　　　　港区××二丁目3番4号 　　　　5分の1 　　　　G
4	D、E持分全部移転	平成○年○月○日 第34543号	原因　平成○年○月○日贈与 共有者　渋谷区××一丁目2番3号 　　　　持分5分の2 　　　　C
5	F持分全部移転	平成○年○月○日 第44555号	原因　平成○年○月○日相続 共有者　渋谷区××二丁目3番4号 　　　　持分5分の1 　　　　H
6	G持分全部移転	平成○年○月○日 第45678号	原因　平成○年○月○日売買 共有者　渋谷区××一丁目2番3号 　　　　持分5分の1 　　　　C
7	H持分全部移転	平成○年○月○日 第56778号	原因　平成○年○月○日 所有者　渋谷区××一丁目2番3号 　　　　持分5分の1 　　　　C

解答：_____

【解答＆解説】

第1問　C、D（持分各2分の1）

甲区1番：Aが所有権保存→Aの単独所有
　　　　（以下、甲区1番は第2問、第3問も同じ）
甲区2番：相続によりAからBへ所有権移転→Bの単独所有
甲区3番：売買によりBからCへ所有権一部移転（2分の1）→B、Cの共有（持分各2分の1）
甲区4番：贈与によりBからDへ「B持分全部移転」→C、Dの共有（持分各2分の1）

第2問　B、C、D（持分各3分の1）

甲区2番：相続によりAからBへ所有権移転→Bの単独所有
甲区3番：売買によりBからCへの所有権一部移転（3分の1）→B（3分の2）、C（3分の1）の共有
甲区4番：贈与によりB持分3分の2のうちの一部（3分の1）Dに移転→B、C、Dの共有（各3分の1）

第3問　C（単独所有）

甲区2番：相続によりAからBへ所有権移転→Bの単独所有
甲区3番：相続によりBからC、D、E、F、Gへ所有権移転→C、D、E、F、Gの共有（各5分の1）
甲区4番：贈与によりD、Eの持分（5分の2）がCへ移転→C（甲区3番の分を併せて5分の3）、F（5分の1）、G（5分の1）の共有
甲区5番：相続によりF持分（5分の1）がHに移転→C（5分の3）、H（5分の1）、G（5分の1）の共有
甲区6番：売買によりG持分（5分の1）がCに移転→C（甲区3番、4番の分を併せて5分の4）、H（5分の1）の共有
甲区7番：売買によりH持分（5分の1）がCに移転→Cの単独所有

3 | 抵当権に関する登記

1 抵当権とは何か

抵当権は、民法に次のように規定されています。

民法369条
　抵当権者は、債務者または第三者が占有を移転しないで、債務の担保に供した不動産について、他の債権者に先立って自己の債権の弁済を受ける権利を有する。
2　地上権および永小作権も、抵当権の目的とすることができる。この場合においては、この章の規定を準用する。

　一般には、所有権を目的とする抵当権が多いかと思いますが、地上権や永小作権に対しても抵当権を設定することができます（いずれも、他人の土地を利用する権利。詳細は後述）。

　抵当権に関しては、「債権者」「債務者」「抵当権者」「抵当権設定者」「被担保債権」といった用語が出てきますが、分かりづらいという人もいると思いますので、ここで解説しておきます。

（1）債権者と債務者

　債権とは、ある人から他の人に対して一定の請求ができる権利をいい、そのような立場にある人のことを「債権者」、請求を履行しなければならない立場にある人のことを「債務者」といいます。

例えば、AがBにお金を貸している場合、AはBに対し「お金を返してほしい」という請求ができ、逆にBはこれを支払わなければなりません。このとき、Aが債権者、Bが債務者となります。

（2）抵当権者と抵当権設定者

抵当権者とは、抵当権を有する債権者をいい、抵当権設定者とは、担保となる不動産を提供した者のことをいいます。

民法の条文にもあるとおり、抵当不動産の提供者は「債務者または第三者」となっていますから、不動産の提供者は必ずしも債務者に限られず、第三者が提供することもあり得ます。そして、そのいずれであるかを区別するために、債務者が不動産を提供した場合は「債務者兼設定者」、第三者が不動産を提供した場合は「物上保証人」と呼びます。

不動産の提供者は債務者または第三者のいずれでもよいのに対し、抵当権者に関しては、抵当権者と債権者が異なることは認められません。

住宅ローンの場合、債務者と抵当権設定者は一致することが多いと思いますが、事業用資金の貸付などでは、会社が債務者、代表者個人の土地・建物などを担保として代表者が抵当権設定者となり、物上保証が行われることもあります。

●債務者兼設定者と物上保証人

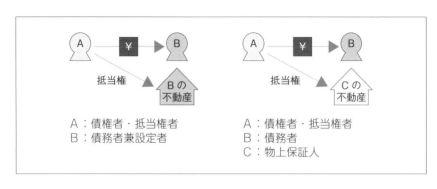

担保すべき債権がなければ成立しない

(3) 被担保債権

　抵当権は、債権を担保するために不動産の提供を受けるため、担保すべき債権がなければ成立しません。このような性質のことを、担保権の「附従性」といいます（なお、元本確定前の根抵当権においては、附従性は否定されている）。

　そして、この担保すべき債権のことを「被担保債権」といいます。被担保債権としては金銭債権が多いですが、物の引渡債権（例えば石炭○トン）なども認められています。

　一般には、貸したお金を担保するために抵当権を設定することが多いと思われますが、この場合、被担保債権は、金銭消費貸借契約に基づく貸金債権となります。

　ところで、金銭消費貸借契約が成立した場合、当然に抵当権が設定されることになるのでしょうか？

　この点については、金銭消費貸借契約の成立要件を知る必要があります。簡単に言えば、返してもらう約束でお金を貸せば、金銭消費貸借契約は成立し、必ずしも書面にする必要はありません。したがって、コンビニで買い物をするときに小銭が足らず、友人から500円借りたという場合でも、金銭消費貸借契約が成立したことになります。

　ここで、当然に抵当権が設定されたことになるかどうか——というのが前述の質問ですが、考えてもらえば分かるとおり、答えはＮＯです。

　つまり、抵当権は、債権契約の成立とは別に、抵当権設定契約を（抵当権設定者と）締結しなければならないのです。

2 抵当権設定登記

　債権契約に基づく被担保債権が発生し、抵当権設定契約が終わっても、それだけでは十分に債権が保全されたとはいえません。抵当権を設定した場合、その登記をしなければ、自分が抵当権者であることを第三者に主張することができないからです。これを登記の「対抗力」ということは、第1章でも紹介しました。

　では、実際に抵当権設定登記の記録例を見ていきましょう。

記録例1　抵当権の設定

権利部（乙区）（所有権以外の権利に関する事項）			
順位番号	登記の目的	受付年月日・受付番号	権利者その他の事項
1	抵当権設定 ㋐	平成○年○月○日 第67899号	原因　平成○年○月○日金銭消費貸借 同日設定 ㋓ 債権額　金2,000万円 ㋔ 利息　年2.5％ 損害金　年14.5％ 債務者　中野区××一丁目1番1号 　　　　近代次郎 ㋒ 抵当権者　中野区××一丁目2番3号 　　　　　X信用金庫 ㋑ 共同担保　目録（な）第1111号

　まず、登記の目的は当然ながら「抵当権設定」となっています（㋐）。「権利者その他の事項」欄からは、抵当権者がX信用金庫（㋑）、債務者が近代次郎（㋒）であることが分かります。

　被担保債権は金銭消費貸借契約に基づく2000万円（㋓、㋔）で、抵当権設定契約も同日になされています（㋓）。

債権額・債務者は必ず記載される

　記録例1はごく一般的なものを取り上げましたが、抵当権に関する登記事項には、次のようなものが認められています。

（1）債権額

　抵当権は、債務が弁済されない場合に不動産を競売にかけ、その売却代金から優先弁済を受ける権利であることから、いくら優先権があるかということを公示する必要があります。したがって、抵当権の登記において、債権額は必ず記載しなければならないものとされています。

　通常は、住宅ローンなどで融資した金銭を担保するために抵当権を設定しますから、債権額は「金〇〇円」などと登記します。ただし前述のとおり、抵当権の被担保債権は金銭に限らないので、「石炭〇トン」など物の引渡債権でもよく、また、邦貨ではなく、外貨で債権額を指定してもよいとされています（なお、石炭の場合は価格として一定の金額を、外貨の場合は担保限度額を記載する）。

（2）債務者

　だれが被担保債権の債務者であるかを公示するため、債務者も必ず記載しなければなりません。なお、抵当権の債務者については、対抗力が備わるものではないものとして、「権利能力なき社団」も債務者とすることができるとされています。

（3）利息に関する定めがある場合は当該利息

　住宅ローンなどにおいては、金銭の貸付額とは別に、利息に関する定めがなされるのが通常ですが、この定めがある場合、当該利息も登記事項とされます。

　なお、利息の定め方としては、「年3パーセント」のように明確にする必要があり、例えば、「年3パーセント、ただし、金融情勢の変化により当事者は変更をすることができる」といった定め方での登記は認められていません（あくまでも、このような定め方による登記が認められていないだけで、当初年5％としていた利息を、後日、3パーセントや8％とした場合は、利息の変更登記をすることができる）。

無利息での抵当権設定なら「無利息」と登記

　ちなみに、民法上、金銭消費貸借は原則として（利息に関する定めをしない場合は）無利息とされています（民法587条）。なお、「利息を付す」旨が定められているにもかかわらず、利率を定めない場合には5％となります（民法404条）。

　また、商人間における金銭消費貸借は、原則として、年6％の利息を請求することができます（商法513条、514条）したがって、商人間で行われた金銭消費貸借を無利息とする抵当権を設定する場合、利息の定めについては「無利息」として登記することになります。

　なお、利息の定めに「（年365日の日割計算）」という記載があるときは、これを登記することができます。これは、その年が閏年であるか否かにかかわらず、1日当たりの利息の金額は、元本に年利率を乗じた額を365日で割った金額とする計算方法を認めた特約とされています。

(4) 損害金に関する定めがある場合は当該定め

　利息同様、登記が認められています（年365日の日割計算についても同様）。

(5) 債権に付した条件

　これはあまり見かける規定ではありませんが、「債権者が死亡したときは、債権は消滅する」といった特約が定められている場合、その登記が認められます。この定めがある場合、実際に債権者が死亡すると、被担保債権は消滅するので、抵当権も附従性によって消滅することになります。

（6）民法第370条但書の定め

こちらもあまり見かける規定ではありませんが、「立木には抵当権の効力が及ばない」といった特約が定められている場合、その登記が認められます。

土地に抵当権を設定した場合、その効力は土地だけではなく、土地と付加一体した物に及びます（民法370条）。例えば、土地に木が生えている場合、抵当権者は、土地だけでなく、その木も競売して、売却代金から優先弁済を受けることができることになりますが、この定めがある場合は、あくまでも土地だけが競売の対象になります。

銀行等は本店ではなく取扱店を登記可能

（7）抵当権者

抵当権者が銀行等の全国各地に支店を有する金融機関である場合は、その取扱店を登記することが先例によって認められています（昭和36・5・17民三1134号）。

これは、いわゆる金融機関の便宜を図ったものとされており、「銀行等」については多少地域差があるようですが、信用金庫はここに含まれないと解されています。その理由について、先例解説集によれば、「全国各地に支店を持つ金融機関においては、貸付業務や登記の申請は各支店に委任されており、登記上本店しか表示することができないとすると、担保物件の差押、競売等の通知も本店に送達されることになり、支店の探知に多数の時間を要し、各種届出の期日に間に合わない等の不都合が生じる恐れがあるから」としています。

記録例2　共同担保目録

共同担保目録				
記号及び番号	（な）第1111号 **カ**		調製	平成○年○月○日
番号	担保の目的である権利の表示	順位番号	予備	
1	新宿区××　1番1の土地 **キ**	1	余白	
2	新宿区××　1番2の土地 **ク**	1	余白	

　記録例2は、共同担保目録の記録例です。共同担保目録とは、共同抵当の登記をする際に、他の不動産等が共同抵当の目的となっていることを公示するものです。共同抵当とは、同一の債権の担保として、複数の不動産に抵当権を設定することをいいます。

　記録例では、共同担保目録に記録した番号として（な）第1111号の記載があり（カ）、新宿区××1番1と1番2の土地を担保に取っている（キ、ク）ことが分かります。

共同担保目録が必要な場合は申請書に記載

　登記された抵当権が、複数の不動産を目的とした共同抵当であるか、それとも単独の不動産を目的としたものであるかは、登記記録の権利部乙区に共同担保目録の記号及び番号の記載があるかどうかで判断することができます。

　ただし、記録例2にあるような共同担保目録の内容については、記号及び番号だけでは分かりません。共同担保目録が必要な場合は、登記記録を請求する際に、その旨の請求をしないと交付されません。交付申請書には、共同担保目録が必要な場合にチェックする欄が設けられていますので、そこに記載します（**サンプル5**）。

第２章　登記記録の見方

サンプル５　交付申請書

| 不動産用 | | 登記事項証明書
登記簿謄本・抄本　交付申請書 | | | | | |

※太枠の中に記載してください。

窓口に来られた人 （請求人）	住　所						収入印紙欄
	フリガナ 氏　名						収入 印紙

※地番・家屋番号は，住居表示番号（○番○号）とはちがいますので，注意してください。

種　別 (✓印をつける)	郡・市・区	町・村	丁目・大字字	地　番	家屋番号 又は所有者	請求通数
1 □土地						
2 □建物						
3 □土地						
4 □建物						
5 □土地						
6 □建物						
7 □土地						
8 □建物						
9 □財団（□目録付） □船舶 □その他						

> 共同担保目録が必要な場合はここにチェック

※共同担保目録が必要なときは，以下にも記載してください。
次の共同担保目録を「種別」欄の番号＿＿＿番の物件に付ける。
□現に効力を有するもの　□全部（抹消を含む）　□（　）第＿＿＿号

※該当事項の□に✓印をつけ，所要事項を記載してください。

- □　登記事項証明書・謄本（土地・建物）
  　専有部分の登記事項証明書・抄本（マンション名＿＿＿＿＿＿）
  　□ただし，現に効力を有する部分のみ（抹消された抵当権などを省略）
- □　一部事項証明書・抄本（次の項目も記載してください。）
  　共有者＿＿＿＿＿＿＿＿＿＿＿＿＿＿に関する部分
- □　所有者事項証明書（所有者・共有者の住所・氏名・持分のみ）
  　□所有者　□共有者＿＿＿＿＿＿＿＿＿＿
- □　コンピュータ化に伴う**閉鎖登記簿**
- □　合筆，滅失などによる**閉鎖登記簿・記録**（昭和・平成　＿＿年＿＿月＿＿日 閉鎖）

収入印紙は割印をしないでここに貼ってください。
（登記印紙も使用可能）

交付通数	交付枚数	手　数　料	受　付・交　付　年　月　日

（乙号・１）

3 抵当権移転登記

65ページで、抵当権には附従性があることを説明しましたが、抵当権は、「随伴性」という性質も有しています。

随伴性とは、ひと言で表すと「被担保債権に伴って抵当権も移転する」という性質のことをいいます。

例えば、AがBにお金を貸して、これを担保するために抵当権を設定しました。その後、Aに急な資金需要が生じましたが、Bに対する貸付金の弁済期は到来していないとします。そこでAは、Bに対する貸付金をCに売却して（債権譲渡）、資金調達をしたとします。

すなわち、今後Bに対して貸金の請求をすることができる者はCとなるのですが、このとき、Aが有していた抵当権もまた、Cのもとに移転する——というのが随伴性です。

では、実際に抵当権が債権売買（債権譲渡）によって移転した場合の記録例を紹介します。

記録例1　債権譲渡

権利部（乙区）（所有権以外の権利に関する事項）			
順位番号	登記の目的	受付年月日・受付番号	権利者その他の事項
1	抵当権設定	平成○年○月○日 第23234号	原因　平成○年○月○日金銭消費貸借同日設定 債権額　金1,000万円 利息　年2.5% 債務者　渋谷区××一丁目1番1号 　　　　山野一郎 抵当権者　渋谷区××一丁目2番3号 　　　　　株式会社X
付記1号	1番抵当権移転 **ア**	平成○年○月○日 第33456号	原因　平成○年○月○日債権譲渡 **イ** 抵当権者　渋谷区××二丁目3番4号 　　　　　株式会社Y **ウ**

権利部の登記は基本的に順位1番から番号を付してなされますが、抵当権の移転登記は、付記登記によってなされます（37ページ参照）。

記録例1では、債権全部が譲渡されたことによって、抵当権も全部移転していることから、「1番抵当権移転」と記載されています（⑦）。もし債権の一部（例えば1000万円中の500万円）が譲渡された場合には、「○番抵当権一部移転」と記載され、譲渡額が登記されます。

債権譲渡の日＝対抗要件具備の日ではない

「権利者その他の事項」欄には、「原因　平成○年○月○日債権譲渡」として債権が譲渡された日が記載されています（④）。

ちなみに、これはあくまで債権が譲渡された日で、債権譲渡における対抗要件具備の日ではありません。民法上、債権譲渡の対抗要件は、直接の債務者に対しては債権譲渡人から債務者に対する通知または債務者の承諾でよいとされていますが、第三者に対しては「確定日付ある証書」（内容証明郵便等）によらなければ対抗することができないとされています（民法467条）。

例えばAがBに対して抵当権付きの債権を有していたとします。その後Aは当該債権をCに譲渡し、Cに対する抵当権移転登記を行いました。他方、AはDに対し、同一の債権を譲渡し（債権の二重譲渡）、Bに対して確定日付ある証書をもって、Bに対する債権はDに譲渡した旨を通知したとします。

このとき、たとえCが抵当権移転登記を受けていたとしても、当該債権はDに帰属することになるので、CはDに自らが債権者であるということを主張することができず、結果、抵当権移転登記は意味を失うことになってしまします。

そうすると、後日無効な登記の出現を防ぐためには、債権譲渡の対抗要件が備わった時点においてその登記が行うほうが望ましく、当該日（対抗要件具備の日）を登記原因日付とするべきではないか、という考えも出てきますが、確定日付ある通知はあくまで対抗要件であり、効力要件

（それによって効力が生じることをいい、農地売買における農地法の許可などがこれにあたる）ではないことから、登記原因日付は債権譲渡の日とされ、登記の申請においても、対抗要件を具備したことを証する書面等は要求されていません。

ちなみに、このような弊害を避けるため、抵当権付きの債権を民法上の規定に基づいて譲渡する場合には、確定日付ある証書による通知と抵当権移転登記は同時期に行われることになります。

記録例1では、債権譲渡により、抵当権が株式会社Xから株式会社Yに移転した（ウ）ことが分かります。

このように、抵当権は随伴性を有していることから、債権が移転した場合は抵当権も移転します。

債権譲渡のほかにも、会社の合併や分割、代位弁済なども、随伴性から導かれる抵当権移転登記の例としてよく見受けられます（記録例2・記録例3）。

記録例2　会社の合併

権利部（乙区）（所有権以外の権利に関する事項）			
順位番号	登記の目的	受付年月日・受付番号	権利者その他の事項
付記1号	1番抵当権移転	平成○年○月○日第43567号	原因　平成○年○月○日合併**エ** 抵当権者　渋谷区××二丁目3番4号 　　　　　株式会社Z銀行 　　　　（取扱店　渋谷支店）

記録例3　代位弁済

権利部（乙区）（所有権以外の権利に関する事項）			
順位番号	登記の目的	受付年月日・受付番号	権利者その他の事項
付記1号	1番抵当権移転	平成○年○月○日第22211号	原因　平成○年○月○日代位弁済**オ** 抵当権者　新宿区××三丁目4番5号 　　　　　川原太郎

それぞれ、「権利者その他の事項」欄を見れば、登記原因が合併（㋔）や代位弁済（㋕）であることが分かると思います。会社分割の際は、記録例2の「合併」の記載が「会社分割」となります。記録例3において、一部代位弁済の場合は、弁済額も記載されます。

4　抵当権変更登記

　抵当権の登記事項については前述のとおりですが、これらに変更を生じた場合、その登記をすることが認められています。

　例えば債務者について、Aの債務をBが引き受けることになった場合や、債務者であるAに相続が開始し、その相続人であるBがこれを承継する、といった場合に、債務者をBとする変更登記をすることができます。実際の記録例をいくつか紹介しましょう。

記録例1　免責的債務引受

権利部（乙区）（所有権以外の権利に関する事項）			
順位番号	登記の目的	受付年月日・受付番号	権利者その他の事項
1	抵当権設定	平成○年○月○日第12345号	原因　平成○年○月○日金銭消費貸借同日設定 債権額　金1,000万円 利息　年1.8% 損害金　年14.0% 債務者　大田区××一丁目2番3号 　　　　甲山恵一 ←㋑ 抵当権者　大田区××一丁目1番1号 　　　　株式会社A銀行 　　　　（取扱店　蒲田支店）
付記1号	1番抵当権変更	平成○年○月○日第23456号	原因　平成○年○月○日免責的債務引受 ㋐ 債務者　大田区××二丁目3番4号 　　　　乙川浩二

　記録例1は、甲山恵一の債務を乙川浩二が免責的に引き受けた（㋐）場合の記録例となります。免責的債務引受とは、元の債務者の債務を別人が引き継ぐことで、今後、甲山恵一の代わりに乙川浩二が借金を返していくことを意味します。

　免責的債務引受により甲山恵一の債務は乙川浩二に引き継がれるため、その表示の下には下線が引かれています（㋑）。実際には、個人商店などで代替わりが行われるような場合に利用されています。

記録例2　債務者の相続

権利部（乙区）（所有権以外の権利に関する事項）			
順位番号	登記の目的	受付年月日・受付番号	権利者その他の事項
1	抵当権設定	平成○年○月○日 第34567号	原因　平成○年○月○日金銭消費貸借同日設定 債権額　金1,500万円 利息　年2.3% 損害金　年14.0% 債務者　新宿区××一丁目2番3号 　　　　甲田一人 抵当権者　新宿区××一丁目1番1号 　　　　株式会社B銀行 　　　　（取扱店　新宿中央支店）
付記1号	1番抵当権変更	平成○年○月○日 第45678号	原因　平成○年○月○日相続 ⓒ 債務者　新宿区××二丁目3番4号 　　　　甲田高弘

　記録例2は、債務者である甲田一人に相続が開始し、その相続人である甲田高弘が、借金を相続した場合の記録例です（ⓒ）。

　こちらは、個人商店の相続による代替わりや、住宅ローンであれば、債務者である親の死亡などで利用されることがあります（住宅ローンにおいて団信に入っている場合は、債務が消滅して抵当権は抹消となる）。

　次ページの記録例3は、債務者死亡後、共同相続人が借金を相続し、その後、そのうちの1人が債務を引き受けたという例です。記録例2と異なる点として、記録例3は相続人が複数いることが挙げられます。つまり、共同相続人間で債務に関する遺産分割がなされず、いったんは共同相続により債務を承継したものの、結局はそのうち1人が債務を引き受けたというケースです。

記録例3　共同相続人による債務相続後、1人が債務を引き受けた場合

権利部（乙区）（所有権以外の権利に関する事項）			
順位番号	登記の目的	受付年月日・受付番号	権利者その他の事項
1	抵当権設定	平成○年○月○日 第12345号	（省略） 債務者　港区××一丁目2番3号 　　甲野一郎 抵当権者　港区××一丁目1番1号 　　株式会社C銀行 　　（取扱店　青山支店）
付記1号	1番抵当権変更	平成○年○月○日 第23444号	原因　平成○年○月○日相続㋔ 債務者　港区××二丁目3番4号 　　甲野次郎 　　港区××三丁目4番5号 　　甲野花子
付記2号	1番抵当権変更	平成○年○月○日 第34567号	原因　平成○年○月○日甲野花子の債務引受㋖ 債務者　港区××二丁目3番4号 　　甲野次郎

「権利者その他の事項」欄を見ると、債務者甲野一郎の借金が相続により甲野次郎と甲野花子に承継され（㋔）、その後、甲野次郎が甲野花子の債務を引き受けたことが分かります（㋖）。

債務の遺産分割は債権者の承諾が条件

債務に関する遺産分割、などと言うと、そもそも債務（消極財産）の遺産分割などができるのかと思う人もいるかもしれません。

例えば、次のようなケースを考えてみてください。

1．債権者甲は資産家Aにお金を貸し、その不動産に抵当権を設定した。
2．ある日、Aが死亡した。相続人はB（事業で成功し、資産家として名を馳せている）とC（仕事がなく、借金が多い）の2人。
3．BとCはAの相続について、Bが全資産（積極財産）を、Cが全負債（消極財産）を取得する旨の遺産分割を行った。
4．甲がAに貸したお金を返してもらいに行ったところ、Bは「負債はCが引き継いだ」として返してくれない。一方、Cを訪ねても一銭も持っ

ていないという。

　これでは、債権者甲は貸金を回収できず気の毒です。この点について登記実務では、債務に関する遺産分割について「債権者の承諾を条件に」これを認めることとしています。

　つまり、前述のケースでは、債権者甲が承諾しない限り、Cが全債務を引き受けるということを甲に言えないのです。

債務引受には遡及効がない

　債権者の承諾がない場合は、債務は相続分の割合に応じて承継されるので、この場合、相続人全員名義での債務者変更登記をする必要があります（記録例3の付記1号）。

　そのうえで、相続人中の1人（または複数）が当該債務を引き受けたときは、債務引受を原因として、その変更登記をするのです（同付記2号）。

　ちなみに、遺産分割によらずに、相続人の一部の者が、債権者の承諾を得て相続債務を引き受けたときは、その債務は、一度共同相続人に承継された後に、一部の相続人が引き受けたことになるので、記録例3の登記を行うことになります。これは、遺産分割には遡及効が認められる（相続開始時に遡って効力が認められる）ところ、債務引受には遡及効がないからだと説明されています。

　逆に言えば、債権者が承諾をし、かつ、相続人間で債務の遺産分割がなされたのであれば、当該登記は「相続」を原因として、記録例2のようになります。

　なお、これらの登記を司法書士に依頼する場合、記録例2の場合は申請件数が1件、記録例3の場合は申請件数が2件となりますから、いずれで登記をするかによって、費用にも影響を与えることになります。

5　抵当権の順位変更登記

　ある不動産に抵当権が複数設定されている場合、その抵当権の優先順位は登記の前後となります。言い換えれば、早い者勝ちということです。

　ただし、いわゆる公庫などが関与する場合、公庫の抵当権を1番としなければならない事情が生じる場合があります。この場合、既設定の抵当権を抹消したうえで、1番「公庫」、2番「金融機関」とする登記をすることもできますが、費用がかさむことはもちろん、既設定の抵当権を抹消することには、相応のリスクも生じます（抹消から設定の間に別の登記が入ってしまうなど）。

　そこで、既設定の抵当権を抹消することなく、その優先順位を変更することを認めるのが、順位変更登記です。

順位変更登記の対象となるのは担保物権

　順位変更の対象となる権利は、抵当権や根抵当権のほか、あまり見かける機会はありませんが、不動産質権や先取特権などの担保物権において認められています。土地の利用権である地上権のほか、賃借権については、ここでいう順位変更登記は認められません。

　それでは、順位変更登記がなされた場合の記録例を見ていきたいと思います（次ページ記録例）。

　まず、順位番号1番から4番までを見てください。1番で株式会社A商会の抵当権、2番で株式会社B社の抵当権、3番で株式会社Cの地上権、4番で株式会社D銀行の根抵当権の登記がなされていることが分かります。前述のとおり、順位変更の対象に地上権は含まれませんので、今回、変更対象となるのは、A商会、B社、D銀行の三者となります。

第 2 章　登記記録の見方

記録例　抵当権の順位変更

権利部（乙区）（所有権以外の権利に関する事項）			
順位番号	登記の目的	受付年月日・受付番号	権利者その他の事項
1 (5)	抵当権設定	（省略）	（省略） 抵当権者　中野区××一丁目1番2号 　　　　　株式会社A商会
2 (5)	抵当権設定	（省略）	（省略） 抵当権者　新宿区××二丁目3番4号 　　　　　株式会社B社
3	地上権設定	（省略）	（省略） 地上権者　新宿区××三丁目2番1号 　　　　　株式会社C
4 (5)	根抵当権設定	（省略）	（省略） 根抵当権者　中野区××二丁目1番2号 　　　　　　株式会社D銀行 　　　　（取扱店　中野支店）
5	1番、2番、4番順位変更㋐	平成○年○月○日 第12345号	原因　平成○年○月○日合意 第1　4番根抵当権 第2　2番抵当権 第3　1番抵当権　㋑

　これをどのような順番に変更したかということは、順位5番を見れば分かります。「登記の目的」には「1番、2番、4番順位変更」とあります（㋐）。そして、「1番、2番、4番」の順位がどのように変更されたかということは、「権利者その他事項」欄にあります。「第1　4番根抵当権、第2　2番抵当権、第3　1番抵当権」とあります（㋑）。

　つまり、この順位変更登記によって、今まで1、2、4の順番であったものが、4、2、1と入れ替わったということです。併せて、それぞれの権利に順位変更があること示すため、順位番号欄には（5）＝順位5番で順位変更があることの記載がなされます。

担保権者すべてにおいて合意が必要

　ちなみに、順位変更登記をする際は、最先順位の担保権者（記録例1ではA商会）と、最後順位の担保権者（記録例ではD銀行）のほか、

中間の担保権者すべてにおいて合意をする必要があるとされています。つまり、設例における2番抵当権者であるB社は、この登記により形式的な順位に変更はありませんが、順位変更登記の当事者となり、かつ申請人となります。

例えばA商会の抵当権の債権額が1000万円、B社が2000万円、D銀行の根抵当権の極度額が500万円の場合に、D銀行を1番とする（形式上、B社の優先弁済額が増加する）場合はもちろんのこと、A商会の抵当権の債権額が500万円、B社が200万円、D銀行が1000万円の場合にD銀行を1番とし、A商会を4番とする（形式上、B社の優先弁済額が減少する）場合も同様です。

さらに、順位変更登記をする際、登記上の利害関係人がいるときは、その者の承諾も要することとされています。詳解は避けますが、例えば、本事例において株式会社A商会の1番抵当権に、Xの転抵当権が設定されている場合のXがこれにあたります（転抵当とは、抵当権者が有する抵当権に抵当権を設定すること）。一方で、D銀行の4番根抵当権にYの転抵当権が設定されている場合、Yは利害関係人にはなりません（Xは順位が下がるので不利となり、Yは順位が上がるので有利となるため）。

通常見かける順位変更登記は担保の数も3つ程度なので、申請人や利害関係人などに迷うことは少ないと思われますが、複雑な内容であると感じた際は、司法書士に相談してください。

6 抵当権抹消登記

前述のとおり、抵当権には附従性があるため、被担保債権が消滅（例えば、債務者による弁済など）した場合は、抵当権も消滅します。

記録例　弁済による抵当権抹消

権利部（乙区）（所有権以外の権利に関する事項）			
順位番号	登記の目的	受付年月日・受付番号	権利者その他の事項
1	抵当権設定	平成○年○月○日 第12345号	原因　平成○年○月○日金銭消費貸借同日設定 債権額　1,000万円 利息　年1.95% 損害金　年14.0% 債務者　港区××4丁目5番6号 　　　　佐藤一 抵当権者　港区××一丁目1番2号 　　　　株式会社A銀行 　　　　（取扱店　赤坂支店）
2	1番抵当権抹消 ㋐	平成○年○月○日 第23456号	原因　平成○年○月○日弁済 ㋑

記録例は、1番で設定された抵当権が、弁済により抹消された例です。登記の目的に「抹消」とあり（㋐）、これが弁済によるものであることは、「権利者その他の事項」を見れば分かります（㋑）。

一般に見かける抵当権の抹消原因としては、「弁済」「放棄」「解除」のほか、「主債務消滅」などがあります。

・弁済……担保している債権の全部が債務者によって弁済された場合
・放棄……抵当権者が権利放棄を行う場合
・解除……抵当権設定契約を解除する場合。抵当権者の一方の意思表示によりなされる
・主債務消滅……保証会社が保証債務を担保するため、設定していた抵当権を抹消する場合（次ページ）

主債務消滅により保証債務も消滅する

　主債務消滅という抹消原因は、抵当権設定登記における登記原因が「○年○月○日保証委託契約による求償債権○年○月○日設定」などの場合に用いられます。

　これは、例えばＢがＡ銀行の住宅ローンを利用するにあたり、Ｃ社がこれを保証したような場合です（次ページの図（１））。通常は、ＢがＣ社にその委託をする）。Ｃ社はＢに不履行（滞納）があれば、Ａ銀行に対し、Ｂに代わってその支払いをすることになりますが、当然この場合、Ｃ社はＢに対して「Ａ銀行に対して支払った立て替え分を返せ」と言うことができます。

　この立て替え分の返還を求める権利のことを「求償権」といい、基本的に求償権は立替払い後に生じる権利ということになります。ただし先例は、将来発生することの予定される特定の法律関係が債権者と債務者との間に存在すれば、将来発生する債権も抵当権の被担保債権とすることができるとし、これを認めています。

　つまり、先ほどの例では、Ａ銀行とＢとの間には金銭消費貸借契約が、Ａ銀行とＣ社との間には保証契約が、ＢとＣ社との間には保証委託契約が締結されることとなり、抵当権の設定自体はＢとＣ社の間でなされることになります。

　もちろん、Ｂがお金を借りているのはあくまでＡ銀行ですから、ＢはＡ銀行に元本および利息の支払いをすることになります（逆に、Ｃ社からＢに対する利息概念はなく、損害金だけが登記事項となる）。

　そして、ＢがＡ銀行に全額弁済した場合（図（２））、主たる債務であるＡ銀行とＢとの金銭消費貸借契約は終了しますので（①）、これによりＣ社のＡ銀行に対する保証債務も消滅します（①′）。保証債務が消滅した以上、Ｃ社からＢに対する求償権も生じないこと（被担保債権の消

滅）になるので、附従性により抵当権も消滅することになります（①"）。

● 主債務消滅による被担保債権の消滅

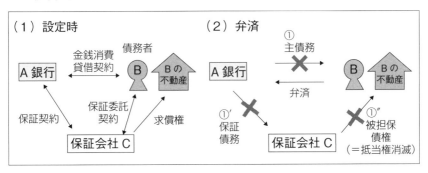

4 根抵当権に関する登記

1 抵当権と根抵当権の違い

根抵当権については、民法に次のように規定されています。

> 民法398条の2
> 　抵当権は、設定行為で定めるところにより、一定の範囲に属する不特定の債権を極度額の限度において担保するためにも設定することができる。

この根抵当権の条文は昭和46年の民法改正により追加されたもの（同条の22まで）ですが、なぜ根抵当権が創設されたのでしょうか。

根抵当権は附従性・随伴性が否定されている

前述したとおり抵当権には附従性がありますが、金融取引の内容によっては、これがネックとなることがあります。住宅ローンなどのように、1回限りの貸付を担保するためのものならば、担保としては抵当権でも十分です。しかし、事業性の証書貸付のように、貸付と返済を繰り返すような場合、これを抵当権で担保しようとすると、非常に手間がかかります。

例えば、次のような貸付と弁済の例で考えてみてください。

①平成26年1月1日　100万円を貸付

②平成26年6月30日　①の弁済
③平成26年8月1日　200万円を貸付
④平成26年10月30日　③の弁済

　このとき、抵当権で①・③の貸付を担保しようとすると、①で100万円の抵当権設定登記、②で抵当権抹消登記、③で200万円の抵当権設定登記、④で抵当権抹消登記……と、設定と抹消を繰り返し、4回登記を行うことになります。登記の都度、登録免許税や司法書士報酬がかかりますので、費用を負担する人にとってもあまりよいことではありません。

　そこで、このような貸付と弁済を繰り返す取引について、取引終了時点における残債務を担保するための抵当権を法律上認めよう、ということになり、根抵当権が明文化されたのです（なお、昭和46年以前も根抵当権は判例によって認められており、登記も認められていました（（旧根抵当権）））。根抵当権は、法的に附従性が否定された抵当権ということになります（元本確定前）。

　また、元本確定前の根抵当権は随伴性も否定しています。抵当権は被担保債権に伴って移転すると述べましたが、根抵当権で担保されている債権が第三者に譲渡されても、その第三者は債権を取得することはできますが、根抵当権は取得できません。この点は、抵当権と大きく異なるところです。

元本確定後は附従性・随伴性を回復

　このように根抵当権は附従性も随伴性も否定された抵当権といえますが、これらは、いずれも根抵当権の元本が確定するまでの話です。根抵当権の元本が確定した後は、抵当権同様、附従性、随伴性を回復する（有する）ことになります。また、根抵当権の元本が確定すると、その後に発生した債権は、当該根抵当権では担保されません。

　根抵当権の元本確定については、次ページの図を見てください。

●根抵当権の元本確定のイメージ

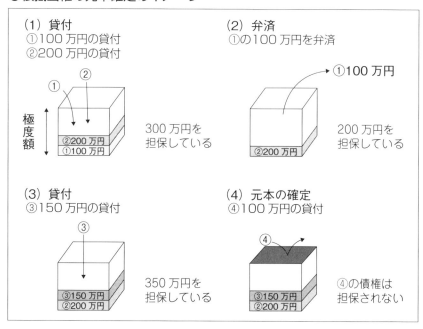

　根抵当権は極度額の範囲内で不特定の債権(債権の範囲で担保された、発生・消滅を繰り返す債権)が担保されますので、(1)では100万円＋200万円で300万円が担保されます。(2)で100万円の弁済があれば、残りの200万円を担保していることになります。そして(3)で新たな貸付150万円が発生すると、350万円を担保しているということです。これを、元本確定まで繰り返します。

　そして、(4)で元本が確定すると、それ以降に発生した債権は担保されなくなります。「根抵当権の元本確定＝入口の閉鎖」というイメージで考えると分かりやすいでしょう。

2　根抵当権設定登記

　前述のとおり、元本確定前の根抵当権は附従性が否定されていますので、根抵当権設定時に被担保債権が存在する必要はありません。代わりに、根抵当権は、①一定の範囲に属する、②不特定の債権を、③極度額の限度において担保する抵当権であることから、設定時にはこれらを定める必要があります。それぞれ以下で解説しますので、88ページの図のように、根抵当権を「箱」だと思ってイメージしてください。

無制約な取り決めは認められない

（1）一定の範囲に属する

　これは、「売買取引」「金銭消費貸借取引」のように、当事者間においてどのような取引から生じた債権を根抵当権で担保するかを決めるものです。いわば、箱に入ることのできる（担保することができる）債権の取り決めということになります。「一定の範囲」ですから、「債務者との取引による一切の債権」のように無制約な取り決めは認められていません（包括根抵当の禁止）。

（2）不特定の債権

　不特定の債権とは、発生、消滅を繰り返す債権を意味しますので、住宅ローンのような1回限りの貸付を担保する場合は、普通の抵当権を設定することになります。

　ただし実務上は、債務者が会社などの法人の場合、実際その会社に対する貸付が1回しか行われない予定であっても、根抵当権が設定されることがあります。これは、そもそも会社との取引は反復継続して行うことを予定していることや、仮に当初は一度きりの貸付でも、その後、取引を継続する可能性が否定されるものではないということからです。

（3）極度額の限度

　元本確定前の根抵当権は附従性が否定されていますので、根抵当権を設定する際に被担保債権を要さず、また、当初根抵当権によって担保されていた債権が弁済等によって消滅しても、根抵当権は消滅しません。

　そうなると、最終的に根抵当権がいくらの債権を担保しているのかを定める必要があります。これが「極度額」です。言い換えれば担保限度額（1000万円なのか1億円なのか）で、箱でイメージするなら、その容量といえます。以下で、根抵当権設定登記の記録例を見ていきましょう。

記録例1　根抵当権の設定

権利部（乙区）（所有権以外の権利に関する事項）			
順位番号	登記の目的	受付年月日・受付番号	権利者その他の事項
1	根抵当権設定 **ア**	平成○年○月○日 第12332号	原因　平成○年○月○日設定 **カ** 極度額　金2,000万円 **オ** 債権の範囲　証書貸付取引 **エ** 債務者　中野区××四丁目5番6号 　近代達夫 **ウ** 根抵当権者　中野区××一丁目1番2号 　A信用金庫 **イ** 共同担保　目録（か）第1111号

　まず、「登記の目的」には「根抵当権設定」と記載されています（㋐）。「権利者その他の事項」欄を見ると、根抵当権の内容が分かります。A信用金庫（㋑）と、近代達夫（㋒）との間における証書貸付取引によって生ずる債権（㋓）を、2000万円を限度に担保する（㋔）根抵当権ということです。

　根抵当権設定の段階で被担保債権が発生していることもありますが、法律上、当該債権は将来の弁済等によって消滅することも想定されていることから、被担保債権の額や、その債権から生じる利息、損害金等は記載されません。この点が抵当権の記録例と異なります。

　同様に、抵当権の場合、登記原因について「金銭消費貸借同日設定」

などと記載されていましたが、根抵当権の場合は、発生、消滅を繰り返す債権を特定することができないため、債権発生原因等は記載されず、単に「設定」とだけ記載されます（㋔）。

複数の債権者での根抵当権設定も可能

ちなみに、抵当権の場合、数人の債権者がそれぞれ有する数個の債権を担保するために、1個の抵当権を設定することはできませんが（1個または複数の債権を準共有する場合を除く）、根抵当権の場合は、こうしたケースで1個の根抵当権で担保することができます。この場合、どの債権者（根抵当権者）とのどのような取引が担保されているかを明らかにするため、それぞれの債権者（根抵当権者）および債権の範囲が登記されます。例えば、次のようなケースがあります。

記録例2　根抵当権者が複数いて債権の範囲が異なる場合

権利部（乙区）（所有権以外の権利に関する事項）			
順位番号	登記の目的	受付年月日・受付番号	権利者その他の事項
1	根抵当権設定	平成○年○月○日 第24689号	原因　平成○年○月○日設定 極度額　金1,000万円 債権の範囲　根抵当権者　株式会社 A銀行につき 銀行取引㋖ 根抵当権者　株式会社B商店につき 売買取引㋗ 債務者　新宿区××三丁目5番6号 　　　　山本正 根抵当権者 　新宿区××一丁目1番3号 　株式会社A銀行 　新宿区××二丁目2番3号 　株式会社B商店

記録例2は、A銀行と山本正との銀行取引によって生じた債権（㋖）と、B商店と山本正との売買取引によって生じた債権（㋗）を担保する

根抵当権の記録例となります。ちなみに、記録例2では債務者が1人ですが、複数いる場合は、債務者もそれぞれ書き分けて記載されます。

なお、このように根抵当権者が複数いる場合の配当関係は、それぞれの債権額を按分して配当が行われます。例えば、最終的なA銀行の債権額が500万円、B商店が1500万円だった場合、極度額の1000万円に対し、A銀行の配当額は250万円、B商店は750万円となるということです。

もっとも、この割合を変更することもできます。この異なる割合の定めを「優先の定め」といい、次のようになります。

記録例3　優先の定めがなされた場合

権利部（乙区）（所有権以外の権利に関する事項）			
順位番号	登記の目的	受付年月日・受付番号	権利者その他の事項
1	根抵当権設定	（省略）	（省略） 根抵当権者 　渋谷区××一丁目1番2号 　株式会社A銀行 　新宿区××二丁目2番3号 　株式会社B銀行
付記1号	1番根抵当権優先の定	平成〇年〇月〇日 第12345号	原因　平成〇月〇日合意 優先の定　株式会社A銀行7・株式会社B銀行3の割合 **ケ**

記録例3は、もともとA銀行とB銀行が根抵当権を有していて、その後、A銀行が7割、B銀行が3割とする優先の定めがなされた（ケ）際の登記記録となります。

3 共同抵当権と共同根抵当権

　同一の債権を担保するため、複数の不動産を目的として抵当権を設定した場合、これらの抵当権は当然に共同抵当になるとされています。

　共同抵当は、実務上もよく利用されています。建売住宅などの場合は土地と建物を目的として同時に設定したり、建物新築などの場合には、まず土地に抵当権を設定したうえで、建物が完成した後に建物を目的として追加設定されたりしますが、いずれも共同抵当となります。

　共同抵当の登記がなされると「共同担保目録」が作成されることは70ページで紹介しましたが、なぜこのような共同抵当の登記をするのでしょうか。

共同抵当でないと法定地上権成立の可能性が

　簡潔に言えば、円滑な資金回収のためということになるのですが、さらに踏み込んで言えば、「法定地上権の成立を回避するため」ともいえます。

　法定地上権とは、一般的に次のような条件下で強制的に発生する地上権（他人の土地を利用する権利）です。

1．抵当権設定時に土地と建物が存在し、同一所有者であり、
2．土地と建物のどちらか一方に抵当権が設定され、
3．抵当権の実行（競売）により、土地と建物の所有者が異なることになった場合

　例えば、A銀行がBにお金を貸し、Bの不動産を担保とするケースで考えてみます。Bの所有する建物はあまりに古く、近く建替予定もあったため、今回は土地のみに抵当権を設定することとしました（次ページ①）。

　その後、Bはお金が返せなくなり、A銀行は抵当権を実行して競売に

かけ（②）、Cがそれを落札しました（③）。本来であれば、土地の所有者となったCが、Bに建物を撤去し、土地を明け渡すように要求できるはずですが、このケースでは法定地上権が成立するため、BはCの要求に応じなくてもよいことになります。

●法定地上権の成立

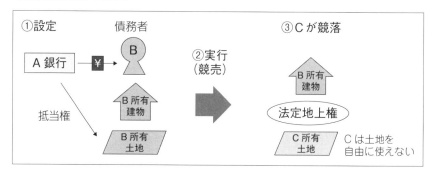

このような状況では、Cは競落地を自己使用のために利用することができませんので、当然、競売代金は低くなり、配当も減少してしまいます。こうしたことを防ぐため、通常、金融機関等が融資を行う際は、土地・建物それぞれに抵当権を設定し、共同抵当としているのです。

共同根抵当権とするためには要件がある

前述のとおり、抵当権の場合、同一の債権を担保するために抵当権を設定すると、当然に共同抵当となります。

一方で、根抵当権の場合は、同一の債権を担保するために複数の不動産に根抵当権を設定しても、当然には共同根抵当権にはならないとされています。共同根抵当とするには、次の2つの要件を満たす必要があります。
1．①極度額、②債権の範囲、③債務者が同じであること
2．共同根抵当権である旨を「登記」すること

それでは、共同根抵当権として登記した場合の登記記録例を見てみましょう。

記録例　共同根抵当権の設定

権利部（乙区）（所有権以外の権利に関する事項）			
順位番号	登記の目的	受付年月日・受付番号	権利者その他の事項
1	根抵当権設定 ㋐	平成○年○月○日第43210号	原因　平成○年○月○日設定 極度額　金2,000万円 債権の範囲　銀行取引 債務者　品川区××三丁目4番5号 　　北村太郎 根抵当権者　品川区××一丁目1番2号 　　株式会社A銀行 　　（取扱店　五反田支店） 共同担保　目録（あ）第1111号 ㋑

共同担保目録			
記号及び番号	（あ）第1111号	調製	平成○年○月○日
番号	担保の目的である権利の表示	順位番号	予備
1	品川区××　1番1の土地 ㋒	1	余白
2	品川区××　1番地1　家屋番号1番1の建物	1	余白

まず、「登記の目的」を見ると、単に、根抵当権設定との記載がなされているだけで（㋐）、「共同」の文字はどこにもありませんが、「権利者その他の事項」欄には、共同担保目録の記載があります（㋑）。共同担保目録の内容を見れば、この根抵当権が、番号1の土地と番号2の建物を目的とした共同根抵当権であることが分かります（㋒）。

つまり、共同根抵当権であるか否かは、共同担保目録の存否によって確認することになります（なお、登記の申請時点においては、共同根抵当権である旨を申請書に記載する必要があり、これを怠ると共同根抵当権として扱われず、共同担保目録も作成されない）。

通常は競売に備えて共同根抵当権を設定

　共同抵当権・共同根抵当権については、負担割付（複数の不動産に抵当権・根抵当権が設定されているとき、各不動産の価格に応じ、配当計算を基本的に按分して行うこと）がなされますが、共同根抵当権でない場合、負担割付は行われません。したがって、次のようなケースでは、共同根抵当権か否かで配当関係が異なります。

・Ａ土地（極度額1000万円の根抵当権）
・Ｂ土地（極度額1000万円の根抵当権）
共同根抵当権である場合の配当：Ａ・Ｂ土地併せて1000万円を上限
共同根抵当権でない場合の配当：Ａ土地1000万円を上限、Ｂ土地1000万円を上限（＝合計2000万円を上限）。

　このように配当額だけを見ると、共同根抵当権でないほうがよさそうにも見えますが、実際、その不動産がいくらで売れるかは、競売になってみないと分かりません。したがって通常は、共同根抵当権が設定されています（仮に、2000万円を上限に融資するのであれば、極度額を2000万円とした共同根抵当権とすればよい）。

　ちなみに、一般に共同根抵当権というと、負担割付のある根抵当権を指しますが、厳密には、負担割付のないものも含めて共同根抵当権と呼んでいます。これらを区別するために、前者を「純粋共同根抵当権」、後者を「累積式根抵当権」と呼ぶことがあります。

4　根抵当権移転登記

　元本確定前の根抵当権は、設定者の承諾を得て第三者に譲渡することができ、譲受人は当該根抵当権を取得します。ただし、元本確定前の根抵当権は、附従性、随伴性が否定されているので、根抵当権の譲受人は、当然、その根抵当権で担保されている債権を譲り受けるわけではありません。

　仮に、当該根抵当権で担保されている債権をも譲渡する契約であったとしても、譲受人が譲り受けた債権を根抵当権で担保するためには、その旨の登記が必要となります。言葉だけでは難しいと思いますので、図を使って説明します。

●根抵当権の譲渡

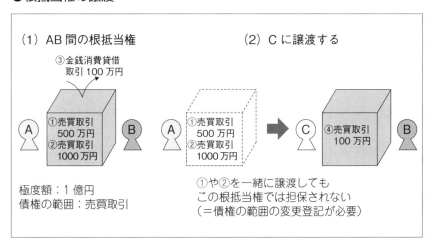

　まず、（1）を見てください。この根抵当権で担保される債権の範囲は売買取引ですので、売買取引以外によって生じたものは担保されません。したがって、①売買取引500万円、②売買取引1000万円の債権は担保されますが、③金銭消費貸借取引100万円の債権は担保されません。

これを、（2）でCに譲渡することになったとします。まさに根抵当権という「箱」がAからCに移転することになりますから、この結果、AのBに対する①・②の債権は無担保となります。代わりに、CがBに対してもともと有していた④の売買取引100万円は、譲り受けた根抵当権で担保されます。

　では、AからCへの根抵当権の譲渡とともに、AがBに対して有していた①の債権も譲渡した場合、当該債権は根抵当権で担保されるか——ということですが、これは、当然には担保されないことになります。

　CがAから①の債権を譲渡によって取得すると、CはBに対して、①の債権を弁済せよということができる立場にはなりますが、あくまで、それはAの債権譲渡によって取得した債権です。CがAから譲り受けた根抵当権は、CB間の売買取引によって生じた債権を担保するものであり、債権譲渡によって取得した債権を担保するものではないからです。

　したがって、根抵当権の譲渡とともに、もとの被担保債権も譲渡し、それを担保する場合には、根抵当権の譲渡の登記とともに、債権の範囲の変更登記を行う必要があります。このケースでは、債権の範囲に「売買取引」のほか、「〇年〇月〇日債権譲渡（譲渡人A）にかかる債権」という記載がなされることになります。

一部譲渡、分割譲渡も認められる

　根抵当権譲渡の態様としては、根抵当権全部を譲渡する方法（全部譲渡）以外にも、一部を譲渡する方法（一部譲渡）、分割して譲渡する方法（分割譲渡）がそれぞれ認められています。

　ここでは、一部譲渡、分割譲渡のケースを取り上げます。

（1）一部譲渡

　元本確定前において、設定者の承諾を得て根抵当権を一部譲渡するこ

とができ、これがなされると、譲渡人と譲受人が根抵当権を準共有することになるとされています（民法398条の13）。

　一部譲渡によって譲受人が取得する根抵当権の債権の範囲、債務者は全部譲渡と同じです。したがって、必要に応じて債権の範囲、債務者を変更する必要があります。また、極度額もこれによって当然には増えませんので、91ページと同様、根抵当権者が複数いる場合として、最終的には各根抵当権者の債権額の割合に応じて配当を受けることになります（不都合がある場合は「優先の定め」を併せて登記する）。

記録例1　一部譲渡後に債権の範囲を変更した場合

権利部（乙区）（所有権以外の権利に関する事項）			
順位番号	登記の目的	受付年月日・受付番号	権利者その他の事項
1	根抵当権設定	平成○年○月○日　第11112号	原因　平成○年○月○日設定 極度額　金1,000万円 債権の範囲　当座貸越取引 債務者　新宿区××一丁目2番3号 　甲株式会社 根抵当権者　新宿区××一丁目1番1号 　株式会社A銀行**ア** 　（取扱店　新宿中央支店）
付記1号	1番根抵当権一部移転**ウ**	平成○年○月○日　第12345号	原因　平成○年○月○日一部譲渡 根抵当権者　新宿区××二丁目2番2号 　株式会社B銀行**イ** 　（取扱店　新宿支店）
付記2号	1番根抵当権変更**エ**	平成○年○月○日　第23456号	原因　平成○年○月○日変更 債権の範囲　根抵当権者　株式会社A銀行につき 　当座貸越取引**オ** 　根抵当権者　株式会社B銀行につき 　銀行取引**オ**

　記録例1は、株式会社A銀行（**ア**）が株式会社B銀行（**イ**）に根抵当権を一部譲渡した場合の記録例です。「登記の目的」には付記1号で「1番抵当権一部移転」と記載されています（**ウ**）。この譲渡に伴い、根抵

99

当権者はA銀行とB銀行の2者となり、債権の範囲においても付記2号で変更登記がなされています（エ）。したがって、この根抵当権はA銀行の当座貸越取引による債権、B銀行の銀行取引による債権（オ）を担保することとなります。

根抵当権を2個に分けるのが分割譲渡

(2) 分割譲渡

　元本確定前においては、設定者の承諾を得て根抵当権の分割譲渡を行うこともできます。分割譲渡は、1個の根抵当権を2個に分けて、その一方を第三者に譲渡するものとされているので（民法398条の12第2項）、分割後の根抵当権はそれぞれの根抵当権者が取得することになります。

　一部譲渡の場合は譲渡人と譲受人が1個の根抵当権を準共有することになるのに対し、分割譲渡の場合は2個の根抵当権となる点が異なります。図で表すと、次のようなイメージです。

●一部譲渡と分割譲渡

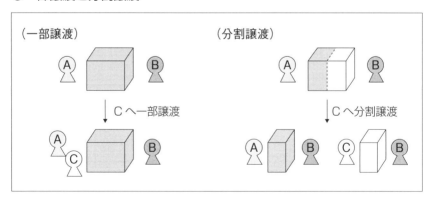

　分割する額に制約はありませんが、分割後、それぞれの根抵当権者が取得する極度額は分割前に比べ減少します。記載例2は、分割譲渡がな

された場合のものです。

記録例2　分割譲渡がなされた場合

権利部（乙区）（所有権以外の権利に関する事項）			
順位番号	登記の目的	受付年月日・受付番号	権利者その他の事項
1（あ）	根抵当権設定	平成3年4月5日 第10101号	原因　平成3年4月4日設定 <u>極度額　金1億円</u>**カ** 債権の範囲　銀行取引　手形債権 小切手債権 債務者　中野区××一丁目2番3号 　甲株式会社 根抵当権者　中野区××一丁目1番1号 　株式会社Ａ銀行
付記1号	1番（あ）根抵当権変更	余白	極度額　金5,000万円**キ** 分割譲渡により平成○年○月○日付記
1（い）	1番根抵当権分割譲渡**ケ**	平成○年○月○日 第23456号	原因　平成○年○月○日分割譲渡 　（根抵当権の範囲） 平成3年4月5日受付 第10101号 原因　平成3年4月4日設定 極度額　金5,000万円**キ** 債権の範囲　銀行取引　手形債権 小切手債権 債務者　中野区××一丁目2番3号 　甲株式会社 根抵当権者　中野区××二丁目3番4号 　株式会社Ｂ銀行**ク**

　これは、極度額1億円の根抵当権（カ）を、5000万円ずつの2個に分割し（キ）、Ｂ銀行に譲渡した（ク）ものです。

　順位番号を見ると、1（あ）と付記1号の下に、1（い）と登記されていることが分かります。分割譲渡がなされた場合、譲受人が取得する根抵当権が、譲渡人の根抵当権と同順位であることを明確にするため、（あ）（い）の符合が、登記官の職権によってなされます。

　「登記の目的」については、何番の根抵当権から分割譲渡されたかが明記されます（ケ）。「権利者その他事項」欄を見ると、1（あ）のほうは、

極度額1億円が抹消されています。つまり、分割譲渡により、この根抵当権の極度額は1億円ではなくなったことを意味しています。

さらに、1（い）の根抵当権ですが、一部譲渡、全部譲渡と異なり、分割譲渡がなされた場合、基本的に元の根抵当権の記録がそのまま引き写されることになります。すなわち、分割譲渡は「極度額を割る」という発想のため、債権の範囲や債務者については元の根抵当権の内容を引き継ぐことになるのです。したがって、必要に応じてこれらの変更登記を行う場合があります。

共有者の一方が第三者に全部譲渡することも可能

なお、元本確定前の根抵当権が共有である場合（根抵当権者が複数いる場合）、共有者の一方が、その権利を放棄し、また、設定者の承諾と他の共有者の同意を得て、第三者に全部譲渡することができます。

例えば、AとBが準共有する根抵当権があり、Aがその権利を放棄すれば、事後その根抵当権はBの単独となり、Aがその権利をCに全部譲渡すれば、その根抵当権はBとCの準共有となります。

ちなみに、Aが根抵当権を譲渡する場合、Aに認められているのは（共有）権利の全部譲渡のみで、Aの（共有）権利の一部譲渡や分割譲渡は認められていません（ABがともにする一部譲渡や分割譲渡は認められる）。

5　極度額、債務者、債権の範囲の変更

　元本確定前の根抵当権は、債権の範囲や債務者を変更することができます。また、極度額の変更は、元本確定の前後にかかわらず行えます。

　繰り返し説明しているとおり、根抵当権で担保される債権は、債権の範囲と債務者によってこれが定まります。これらの変更登記をした際は、変更後の債権の範囲、債務者との取引によって生じた債権が担保の対象となるため、それまで担保されていた債権が担保されなくなることのないよう、変更後の内容を定める必要があります。

　例えば、AB間の売買取引によって生じる債権を担保するために根抵当権を設定した後、債権の範囲を金銭消費貸借取引に変更すると、売買取引によって生じる債権は担保されなくなるのです。

　債務者においても同じですが、ここでいう債務者とは、根抵当権で担保すべき取引の相手方がだれであるか（つまり、だれとの取引によって生じた債権を担保にするのか）ということなので、元本確定後でも、債務者に相続が開始したような場合は、相続人名義とする債務者の変更登記を行うことができます。

債権の範囲に登記できるものは決まっている

　極度額や債務者の変更については大体のイメージが湧くと思いますが、「債権の範囲」の変更は、分かりづらいという人もいると思いますので、ここで「債権の範囲」として認められているものを紹介しておきます。

①債務者との特定の継続的取引契約により生じる債権（民法398条の2第2項）

　これは、いわゆる債務者との基本契約によって生じる債権で、例えば、

電気製品を供給するという基本契約がなされ、これに基づき、個別の製品が販売される場合の債権を担保するような場合です。このような取引によって生じた債権を担保する場合は「〇年〇月〇日電気製品供給契約」のように債権の範囲を登記します。

②債務者との一定の種類の取引によって生じる債権（民法398条の2第2項）

これは、抽象的な取引の種類を定め、その取引によって生じた債権を担保するもので、①とは異なり、一定の範囲に属し（限定性）、かつ第三者がその内容を認識できるもの（客観的明確性）でなければならないとされています。具体的には、売買取引や金銭消費貸借取引、銀行取引などがこれに当たります。商社取引や債務引受取引、商品委託取引は、限定性・客観的明確性に反するとして、認められていません。

ちなみに①との違いですが、①は基本契約の締結日以後に生じた債権が担保の対象となるのに対し、②は根抵当権設定以前に生じた債権も担保の対象となるという点があります。

損害賠償債権や単独の特定債権は認められない

③債務者との取引によらず特定の原因によって継続的に生じる債権（民法398条の2第3項）。

登記先例で認められているものとしては、「A工場からの清酒移出による酒税債権」などがあります。

ちなみに、債務者の不法行為に基づく損害賠償債権は、これを本項の債権の範囲として認めることはできないとされています（損害賠償額が確定しているような場合、これを被担保債権として抵当権を設定することはできる）。これは、不法行為自体（例えば、喧嘩でけがをさせたなど）は、債務者との取引によらずに生じた債権と言うことができますが、継

続的に生じる債権とは言えないからです。

　また、不法行為に基づく損害賠償債権は、取引によって生じる債権とも言うことができないので、前述の①、②でも担保されないことになります。もっとも、その額が特定されているのであれば、後述の⑤として債権の範囲に加えることはできます。

④手形債権・小切手債権

　いわゆる回り手形、小切手を担保するために認められるものです。

⑤特定債権

　特定債権は、これのみをもって根抵当権を設定することができず、抵当権を設定すべきとされています（したがって、住宅ローンのように1回限りの貸付においては、根抵当権ではなく、抵当権が設定される）。

　ただし、他の不特定（②に挙げた取引のような）債権とともに設定する場合は、全体として不特定であることを理由に認められています。

記録例　債権の範囲の変更登記

権利部（乙区）（所有権以外の権利に関する事項）			
順位番号	登記の目的	受付年月日・受付番号	権利者その他の事項
1	根抵当権設定	平成○年○月○日 第12340号	原因　平成○年○月○日設定 極度額　金1,500万円 債権の範囲　金銭消費貸借取引 債務者　大田区××一丁目2番3号 　　　　株式会社A（以下略）
付記1号	1番根抵当権変更 ㋐	平成○年○月○日 第23454号	原因　平成○年○月○日変更 債権の範囲　金銭消費貸借取引　売買取引 ㋑

　記録例は債権の範囲を変更した場合です。付記1号の「登記の目的」に「1番根抵当権変更」とあり（㋐）、債権の範囲に「売買取引」が追加されています（㋑）。基本的に、債権の範囲の変更登記前から生じている売買取引による債権についても、この根抵当権で担保されます。

6　根抵当権の元本確定

　根抵当権の元本の確定とは、根抵当権によって担保される債権が特定されることをいいます。ちょうど88ページの図で説明したように、根抵当権という「箱」のふたが閉まるイメージです。

　元本が確定すると、根抵当権は附従性、随伴性を回復するので、いわゆる普通抵当権と同じようなものになりますが、極度額という枠支配権については、依然、その性質を有することになります。

差押や競売、破産手続き開始決定も確定事由

　根抵当権の元本確定事由は多岐にわたりますので、詳解は避け、確定事由のみを以下に挙げておきます。

①元本確定期日の到来（民法398条の6）

②元本確定前の根抵当権者または債務者に相続が開始し、相続開始後6ヵ月以内に、指定根抵当権者または指定債務者の合意の登記をしなかったとき（民法398条の8第4項）。

③根抵当権者または債務者に合併が生じた場合において、根抵当権設定者（債務者の合併の場合は、債務者兼設定者を除く）が合併の事実を知ったときから2週間以内、かつ合併の日から1ヵ月以内に元本確定請求をした場合（民法398条の9第4項）。

④根抵当権者または債務者を分割会社とする会社分割があった場合で、根抵当権設定者（債務者を分割会社とする会社分割の場合は債務者兼設定者を除く）が会社分割の事実を知ったときから2週間以内、かつ会社分割の日から1か月以内に元本確定請求をした場合（民法398条の10第3項）。

⑤確定期日の定めがない場合において、設定から3年を経過した後、根抵当権設定者が確定請求をした場合（民法398条の19第1項・3項）

⑥確定期日の定めがない根抵当権において、根抵当権者が確定請求をした場合（⑤と異なり、設定から3年を経過する必要はない。民法398条の19第2項・3項）
⑦根抵当権者自身が、抵当不動産について滞納処分による差押をしたとき、または競売もしくは担保不動産収益執行、物上代位による差押の申立をしたとき（民法398条の20第1項1号・2号）。
⑧第三者による申立により、根抵当権者が抵当不動産の競売開始または滞納処分による差押があることを知ったときから2週間経過したとき（民法398条の20第1項3号）。
⑨債務者または根抵当権設定者が破産手続き開始の決定を受けたとき（民法398条の20第1項4号）

元本確定後は弁済による抹消登記が可能に

　根抵当権の元本が確定すると、根抵当権は附従性、随伴性を回復するというのは前述のとおりです。したがって、元本確定後の根抵当権で担保されている被担保債権が全額弁済されると、根抵当権は附従性により消滅します（元本確定前の根抵当権は、附従性が否定されているため、取引の対象となっている債権全額の弁済がなされても弁済を原因とする抹消登記ができないが、元本確定後はこれが可能となる）。

　また、根抵当権で担保されている債権が譲渡された場合、根抵当権は随伴性により、譲受人に移転することになります（元本確定前の根抵当権は、随伴性が否定されているため、取引の対象となっている債権全額が譲渡されても債権譲渡を原因とする根抵当権移転登記ができないが、元本確定後はこれが可能となる）。

　では、弁済や債権譲渡を原因とする根抵当権の抹消や移転登記をする前提として、根抵当権が確定していることの登記（元本確定登記）は必要なのでしょうか。

これは、前述の確定事由のいずれにより、その根抵当権の元本が確定したかによって異なりますが、基本的な考え方としては、それぞれの確定事由が登記記録から明らかであるか否かによります。

　例えば、確定期日の定めがある根抵当権においては、当該期日が到来すれば、元本確定は明らかであるため、前提としての元本確定登記は要しないことになります。

　その他、抹消登記や移転登記の前提としての元本確定登記を要しない確定事由としては、前述の②（ただし、相続を原因とする移転または変更登記がなされている必要がある）や、⑦（ただし、差押の登記がなされている必要がある）、⑨（ただし、その登記がされているとき）などがあります。

記録例　元本確定後に債権譲渡した場合

権利部（乙区）（所有権以外の権利に関する事項）			
順位番号	登記の目的	受付年月日・受付番号	権利者その他の事項
1	根抵当権設定	平成○年○月○日 第10001号	原因　平成○年○月○日設定 極度額　金2,000万円 債権の範囲　銀行取引　手形債権 小切手債権 債務者　中野区××一丁目2番3号 　株式会社南北製造 根抵当権者　中野区××一丁目1番3号 　株式会社Ａ銀行 　（取扱店　中野坂上支店）
付記1号	1番根抵当権 元本確定㋐	平成○年○月○日 第20010号	原因　平成○年○月○日確定
付記2号	1番根抵当権 移転	平成○年○月○日 第32101号	原因　平成○年○月○日債権譲渡㋑ 根抵当権者　中野区××二丁目3番4号 　株式会社Ｂ銀行

　記録例は、元本確定後（㋐）、債権譲渡により（㋑）、根抵当権が移転した例です。元本確定により根抵当権は随伴性を回復したため、Ａ銀行からＢ銀行への債権譲渡に伴い、根抵当権も移転したのです。

7　根抵当権抹消登記

　元本確定前の根抵当権は附従性が否定されているため、被担保債権全額の弁済がなされたとしても、「弁済」を原因とする抹消登記ができないことは前節で説明しました。この結果、実務上は、根抵当権の被担保債権全額の弁済がなされた場合でも「解除」などを原因として根抵当権を抹消することになります。

記録例　根抵当権の解除による抹消

権利部（乙区）（所有権以外の権利に関する事項）			
順位番号	登記の目的	受付年月日・受付番号	権利者その他の事項
1	根抵当権設定	平成○年○月○日第12121号	原因　平成○年○月○日設定 極度額　金1,000万円 債権の範囲　金銭消費貸借取引　手形債権　小切手債権 債務者　新宿区××二丁目3番3号 　株式会社東西商事 根抵当権者　新宿区××一丁目5番6号 　株式会社C銀行 　（取扱店　中野坂上支店）
2	1番根抵当権抹消 ア	平成○年○月○日第34567号	原因　平成○年○月○日解除 イ

　記録例は、解除により根抵当権が抹消されたものです。順位番号2を見ると「1番根抵当権抹消」とあり（ア）、1番根抵当権には下線が引かれています。「権利者その他の事項」欄には、登記原因として「解除」と記載されています（イ）。

5 賃借権に関する登記

1 賃借権設定登記

　賃貸借は、賃貸人がある物を賃借人に使用収益させ、これに対して賃借人がその対価を支払う契約をいい（民法601条）、賃貸物が不動産である場合、これを登記することにより賃借権を第三者に対抗することができます（民法605条）。

　ただし、賃貸借は、売買による所有権移転登記や抵当権設定登記などと違って、賃貸借契約を締結したからといって、当然に登記ができる権利ではありません。登記をするには、当事者双方の「登記をする」という合意が必要です。また、不動産の賃貸借において、後述する借地借家法が適用される場合は、登記がなくとも賃借権を第三者に対抗できます。

　賃借権の設定登記をする場合、少なくとも①登記の目的、②登記原因とその日付、③賃借権者の住所と氏名、④賃料、が登記事項となります。

記録例1　賃借権設定登記

権利部（乙区）（所有権以外の権利に関する事項）			
順位番号	登記の目的	受付年月日・受付番号	権利者その他の事項
1	賃借権設定 ア	平成○年○月○日 第10102号	原因　平成○年○月○日設定 イ 賃料　1月10万円 エ 支払時期　毎月末日 存続期間　10年 特約　譲渡、転貸ができる 賃借権者　中野区××四丁目5番6号 　　　　　松本太郎 ウ

記録例1は、賃借権の設定契約による登記記録です。登記の目的には「賃借権設定」とあり（⑦）、この不動産の所有権に対して賃借権が設定されたことを意味しています。賃貸の設定契約をした日付を登記原因日付として、「原因　平成○年○月○日設定」と登記されます（④）。設定日とは、賃貸契約の効力発生日です。

賃貸借契約によって賃借権者となった者の住所、氏名は、「権利者その他の事項」欄に記載されます（⑤）。賃借人が法人の場合は、本店と商号が登記されます。

そして、賃貸借は対価の支払いが契約の重要な要素となりますので、賃料の定めを必ず登記します（④）。記録例のように「賃料　1月10万円」として契約する場合もあれば、「賃料　1平方メートル1月○万円」と賃料を定めていることもあります。

ちなみに、対価の支払いである賃料は金銭に限定されているわけではありません。契約によっては、金銭以外の対価が賃料として登記される場合もあります。

また、賃料が金銭の場合で、その金額が一定期間ごとに決まった金額に変動する賃料の場合、例えば「契約時から5年間300万円、6年目から年500万円」といった具合に賃料の登記がされます。

特約を定めて登記すれば譲渡・転貸できる

次に、賃借権の登記に関して、必要に応じて登記されている事項のうち、主な事項を説明します。

（1）賃料の支払時期

賃料をいつ支払うかという事項です。民法では、建物および宅地については毎月末日、その他の土地については毎年末に支払わなければならないとされていますが、これと異なる契約もできます。この支払時期も

登記事項となっています。

(2) 存続期間

賃貸借契約において存続期間が定められているときは、存続期間が登記事項になります。代表的な記載例としては「存続期間　○年」のようになります。

(3) 賃借権の譲渡、転貸の特約

賃借権の譲渡とは、賃借人たる地位を、別の人に売買や贈与などで譲ることをいいます。賃貸借契約は、貸す人と借りる人との当事者間の約束で成り立っています。つまり、借りる人がだれかというのは貸主にとっても重要なことです。貸主の知らない間に借主が代わるということは賃貸借契約の根本にかかわることなので、賃借人の地位を譲渡するには賃貸人の承諾が必要になります。

ただし、当事者が賃借権の譲渡をあらかじめ承諾しているような特約がある場合は別です。この場合、記録例1のように「特約　譲渡、転貸ができる」と登記します。

なお、転貸とは借主がさらに別の人に貸す、いわゆる又貸しのことをいい、これも譲渡と同様、賃貸借契約では原則できません。しかし、当事者双方が転貸を認めることも特約として有効になりますので、そのような場合は、転貸の特約を登記することができます。

これとは逆に、「譲渡、転貸はできない」という原則どおりの事項は登記されません。

敷金の定めがある場合は登記する必要がある

(4) 敷金

賃貸借契約において敷金の定めがある場合は、登記事項となります。

記録例2のように、「権利者その他の事項」欄に記載されます（㋐）。

記録例2　敷金の定めがある場合

権利部（乙区）（所有権以外の権利に関する事項）			
順位番号	登記の目的	受付年月日・受付番号	権利者その他の事項
1	賃借権設定	平成○年○月○日 第35790号	原因　平成○年○月○日設定 賃料　1月8万円 支払時期　毎月末日 存続期間　35年 敷金　金16万円㋐ 特約　譲渡、転貸ができる 賃借権者　新宿区××一丁目2番3号 　岸田一郎

　敷金が登記事項となったのは、平成16年4月1日施行の民法一部改正によるものです。

　この改正では、抵当権設定登記後に登記した賃借権について、すべての抵当権者が同意し、かつ、その同意をした登記があるときは、その抵当権者に対抗できるとされました（民法387条1項）。これは、競売にかけられた際、抵当権より後に登記された賃貸借の賃借人が不利になってしまう（不動産を明け渡さなければいけなくなる）ことを避けるために設けられたものです。

　次ページの記録例3のように先順位抵当権者等全員の同意の登記がある場合（㋕）、競売後も賃借権は存続することになります。このとき、新所有者となる買受人は賃貸借に伴う敷金返還義務も承継するので、買受人が引き受ける義務の内容を明確にするために、敷金が登記事項となったのです。

記録例3　賃借権の先順位抵当権に優先する同意の登記

権利部（乙区）（所有権以外の権利に関する事項）			
順位番号	登記の目的	受付年月日・受付番号	権利者その他の事項
1 (4)	抵当権設定	（省略）	（省略） 抵当権者　港区××一丁目1番2号 　A株式会社
2 (4)	根抵当権設定	（省略）	（省略） 抵当権者　港区××二丁目2番3号 　株式会社B銀行 　　（取扱店　渋谷中央支店）
3 (4)	賃借権設定	（省略）	（省略） 賃借権者　港区××三丁目4番5号 　東川三郎
4	3番賃借権の1番抵当権、2番根抵当権に優先する同意 カ	平成○年○月○日 第23467号	原因　平成○年○月○日同意 カ

　なお、賃貸人が財産の処分につき行為能力の制限を受けた者または財産の処分の権限を有しない者であるときは、記録例4のように「管理人」の登記がなされます（キ）。「財産の処分につき行為能力の制限を受けた者」とは、被保佐人や被補助人などを指します。「財産の処分の権限を有しない者」とは、不在者の財産管理人などがこれにあたります。

記録例4　「管理人」の登記がある場合

権利部（乙区）（所有権以外の権利に関する事項）			
順位番号	登記の目的	受付年月日・受付番号	権利者その他の事項
1	賃借権設定	平成○年○月○日 第45689号	原因　平成○年○月○日設定 賃料　1月5万円 支払時期　毎月末日 存続期間　3年 管理人　港区××二丁目2番2号 　山本孝一の設定した賃借権 キ 賃借権者　港区××一丁目1番1号 　川島次郎

114

2 借地借家法に基づく登記

　借地借家法とは、建物所有を目的とする土地賃借権や地上権（次節で解説）、建物の賃貸借に関する法律で、賃借人を保護することを主な趣旨としています。

　賃貸借については民法にその規定がありますが、不動産賃貸借等の契約場面においては、どうしても貸主の立場が強くなりがちでした。このため、借主の保護を目的として借地借家法が定められたとされています。

　借地借家法に規定がある場合、民法の規定より優先して適用されます。また、民法においては不動産の賃貸借は登記しなければ第三者に対抗できませんが、借地借家法の適用を受ける賃貸借の場合、登記がなくとも賃借権を対抗することができる場合があります。

　例えば建物所有を目的とした土地の賃貸借の場合、その借地の上に「登記をした建物」を有していれば、土地の登記記録上に賃借権の登記がなくとも、第三者に対抗することができます（借地借家法10条）。

●借地借家法10条の規定

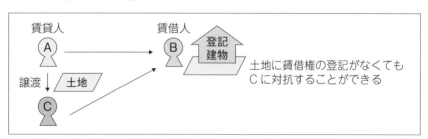

　この図で言えば、AがCに土地を譲渡したとき、賃借人Bの建物の登記があれば、賃借権の登記がなくとも、その建物の賃貸借をCに対して主張することができます。

　一般的には登記記録を見ることにより、その不動産の権利関係を知ることができるのですが、こと賃貸借が関係するときは、登記がなくとも

対抗力を有する賃借権がついていることがあります。

賃貸借の法律関係を把握するには、対象となる登記記録だけでなく、土地であれば、土地に関連する建物の権利関係、建物であれば建物が実際にどのように使用されているかといった事実確認が必要です。

なお、借地借家法の特約があり、かつ登記事項となっているものもありますので、続いて、登記にかかわる規定を説明します。

一般・事業用定期借地権は登記が必要

普通の借地権（土地の賃貸借）には、合意がなくとも更新される制度（請求による更新、使用継続による更新）があるため、一度借地権を設定すると、地主（賃貸人）はなかなか土地を返してもらえません。

これでは、せっかく土地を貸そうと思っても地主は躊躇してしまいます。一方、期間が限定されていてもいいから土地を借りたいという人にとっては、借地借家法の保護規定がデメリットになります。

そこで、更新制度が適用されず、一定期間経過後に必ず借地契約が終了する借地権（定期借地権）が定められました。定期借地権は3種類で、①一般定期借地権、②事業用定期借地権、③建物譲渡特約付借地権があります。登記事項に影響するのは、①一般定期借地権と②事業用定期借地権です。

①一般定期借地権

借地借家法上の普通借地権の存続期間が最低30年以上であるのに対し、あらかじめこれより長い50年間以上を存続期間とし、契約更新および建物再築による期間の延長ならびに建物の買取請求を認めない特約を含む契約を公正証書等の書面で行う「一般定期借地権」が、借地借家法22条に規定されています。

一般定期借地権も、普通借地権と同じく設定契約をするのに登記は必

要ありません。しかし、普通借地権とは異なる一般定期借地権であることを第三者に対抗するには、登記が必要となります。

また、存続期間が50年以上である普通借地権も登記できますので、借地借家法22条の特約によることを明らかにするため、記録例1の㋐のように登記されます。

記録例1　一般定期借地権

権利部（乙区）（所有権以外の権利に関する事項）			
順位番号	登記の目的	受付年月日・受付番号	権利者その他の事項
1	賃借権設定	平成○年○月○日 第6789号	原因　平成○年○月○日設定 目的　建物所有 賃料　1平方メートル1月2万円 支払時期　毎月末日 存続期間　50年 特約　譲渡、転貸ができる 　　　借地借家法第22条の特約㋐ 賃借権者　中野区××三丁目6番9号 　　　　　大石定子

②事業用定期借地権

専ら事業の用に供する建物（住居用でない建物）の所有を目的とする借地権で、存続期間が30年以上50年未満のものと、10年以上30年未満のものの2つの「事業用定期借地権」が、借地借家法23条に規定されています。事業用定期借地権の設定契約は、いずれも公正証書によることが必要です。

存続期間30年以上50年未満の借地契約は普通借地権としても契約できますので、当事者間の「特約」により更新や建物買取請求を排除することで、普通借地権とは違う事業用定期借地権として登記ができます。

この場合、「権利者その他の事項」欄に、「目的」として次ページ記録例2の㋑のように「借地借家法第23条第1項の建物所有」と登記されます。また、「特約」として㋒のように登記されます。

117

記録例2　事業用定期借地権（30年以上50年未満）

権利部（乙区）（所有権以外の権利に関する事項）			
順位番号	登記の目的	受付年月日・受付番号	権利者その他の事項
1	賃借権設定	平成○年○月○日 第1230号	原因　平成○年○月○日設定 目的　借地借家法第23条第1項の建物所有❶ 賃料　1月13万円 支払時期　毎月末日 存続期間　45年 特約　譲渡、転貸ができる 　　　借地借家法第23条第1項の特約❸ 賃借権者　新宿区××三丁目4番3号 　　　　　山田一郎

記録例3　事業用定期借地権（10年以上30年未満）

権利部（乙区）（所有権以外の権利に関する事項）			
順位番号	登記の目的	受付年月日・受付番号	権利者その他の事項
1	賃借権設定	平成○年○月○日 第12356号	原因　平成○年○月○日設定 目的　借地借家法第23条第2項の建物所有❹ 賃料　1月10万円 支払時期　毎月末日 存続期間　25年 特約　譲渡、転貸ができる 賃借権者　品川区××三丁目2番1号 　　　　　斉藤次郎

　記録例3は、10年以上30年未満の事業用定期借地権の登記です。「権利者その他の事項」欄の目的が「借地借家法第23条第2項の建物所有」となっています（エ）。

　普通借地権の存続期間は最低30年以上とされていますので、それより存続期間が短い普通借地権は設定できません。そのため、存続期間が10年以上30年未満で専ら事業の用に供する建物所有を目的とする借地権の場合は、特約で排除するまでもなく、契約の更新、建物買取請求の規程は適用されないので、特約としては登記されないという違いがあります。

建物も特約により定期賃貸借が認められる

ここまで、土地の賃貸借について説明しましたが、建物の賃貸借についても、定期借家制度というものがあります。定期借家制度とは、賃貸借の期間を一定期間に限定し、期間が終了したら正当事由の有無を考慮することなく、期間の更新や延長が認められないというものです（借地借家法38条）。

契約時には、定期借家契約である旨を明記した書面（私文書や公正証書）で契約を締結し、賃貸人は賃借人に対して書面を交付し、さらに定期借家であることの説明を尽くさなければならないとされています。一般の建物賃貸借契約よりも、契約時の要件が厳しくなっているのです。

その代わり、通常の借家契約であれば、期間満了時の明渡しに必要となる正当事由は不要となります。また、期間満了の1年前から6ヵ月前までに賃借人に期間満了契約の終了通知をすることで、契約を更新されることはありません。

記録例4　定期建物賃借権

権利部（乙区）（所有権以外の権利に関する事項）			
順位番号	登記の目的	受付年月日・受付番号	権利者その他の事項
1	賃借権設定	平成○年○月○日 第2468号	原因　平成○年○月○日設定 賃料　1月9万円 支払時期　毎月末日 存続期間　平成○年○月○日から○年 特約　譲渡、転貸ができる 　　　契約の更新がない オ 賃借権者　渋谷区××二丁目1番1号 　　　　　北坂三郎

定期借家として建物に賃借権設定登記がなされた場合は、**記録例4**のように「特約　契約の更新がない」として登記されます（オ）。建物の

登記記録にこの登記事項があれば、借地借家法38条の定期借家契約がなされているということが分かります。

記録例 5　取壊し予定の建物の賃借権

権利部（乙区）（所有権以外の権利に関する事項）			
順位番号	登記の目的	受付年月日・受付番号	権利者その他の事項
1	賃借権設定	平成○年○月○日第3790号	原因　平成○年○月○日設定 賃料　1月7万円 支払時期　毎月末日 存続期間　建物取壊し時まで 特約　譲渡、転貸ができる 　　　建物を取り壊すこととなるときに賃貸借終了**カ** 賃借権者　大田区××四丁目3番2号 　　　南山太郎

　記録例5は、法令または契約により、一定の期間を経過した後に建物を取り壊すべきことが明らかであり、建物を取り壊すときに賃貸借契約が終了する旨の特約（借地借家法39条1項）を書面で行った場合の登記記録です。

　「権利者その他の事項」欄に「建物を取り壊すこととなるときに賃貸借終了」として登記されます（カ）。

6 地上権に関する登記

地上権とは、民法265条に規定された他人の土地を利用する権利です。

民法265条
　地上権者は、他人の土地において工作物または竹木を所有するため、その土地を使用する権利を有する。

建物所有を目的とする地上権を設定契約した場合、賃借権と同様、前述の借地借家法の適用を受けます。

地上権は、土地を利用するという点では土地の賃貸借とよく似ていますので、比較しながら説明します。

設定の目的は必ず登記しなければならない

地上権設定登記においては、①登記の目的、②登記原因とその日付、③地上権者の住所と氏名（地上権者が複数名の場合はその持分）④設定の目的が登記されます。

賃借権は設定の目的が必ずしも登記事項ではないのに対し、地上権では設定の目的（建物所有など）が必ず登記事項となります。

また、賃借権は賃料の支払いが契約の重要な要素ですが、地上権においては、地代の支払いがない場合においても地上権を設定できるため、地代は必ずしも登記事項とはなりません。

なお、地上権は、一部の例外を除き、登記が対抗要件となっています。

設定登記手続きを行う義務がない賃借権とは違い、地上権設定者は地上権者に対し、登記義務を負っています。つまり、地上権者と地上権設定者（土地の所有者）の間に登記する特約や合意がなくとも、登記を申請するのが原則となっています。

ただし、建物所有を目的とする地上権の場合、賃貸借と同じように土地上にある建物の登記をしていれば、地上権者は当該地上権を第三者に対抗することができます。

記録例1　地上権設定登記

権利部（乙区）（所有権以外の権利に関する事項）			
順位番号	登記の目的	受付年月日・受付番号	権利者その他の事項
1	地上権設定 ア	平成○年○月○日 第1010号	原因　平成○年○月○日設定 イ 目的　建物所有 ウ 存続期間　60年 地代　1平方メートル1年3万円 支払時期　毎年○月○日 地上権者　中野区××一丁目9番8号 　　　　　藤井守

記録例1は、地上権者藤井守に対し、地上権を設定したものです。「登記の目的」は地上権設定であり（ア）、「権利者その他の事項」欄の原因日付は、地上権設定契約の効力発生の日となります（イ）。前述のとおり、設定の目的は必ず登記事項となります（ウ）。

地上権に賃借権を設定することも可能

賃貸借の場合、賃貸人の承諾なしに、その権利を第三者に譲渡することはできませんが、地上権は譲渡することができます。さらに、地上権に賃借権を設定することもできます。

記録例2　地上権移転登記

権利部（乙区）（所有権以外の権利に関する事項）			
順位番号	登記の目的	受付年月日・受付番号	権利者その他の事項
付記1号 ㋔	1番地上権移転 ㋕	平成○年○月○日第3454号	原因　平成○年○月○日売買 ㋖ 地上権者　杉並区××一丁目2番3号 　　　　　木下さくら

　記録例2は、地上権が譲渡された場合の登記記録です。所有権以外の権利の移転登記ですから、付記登記でなされます（㋔）。「登記の目的」は地上権移転（㋕）となり、売買によるものであることが「権利者その他の事項」欄から分かります（㋖）。

記録例3　地上権の上に賃借権を設定した場合

権利部（乙区）（所有権以外の権利に関する事項）			
順位番号	登記の目的	受付年月日・受付番号	権利者その他の事項
付記1号	1番地上権の賃借権設定 ㋗	平成○年○月○日第2121号	原因　平成○年○月○日設定 賃料　1月10万円 支払時期　毎月月末 存続期間　平成○年○月○日から○年 特約　譲渡、転貸ができる 賃借権者　杉並区××一丁目2番3号 　　　　　佐藤隆弘

　記録例3は、地上権の上に賃借権を設定した場合の登記記録です。「登記の目的」を見れば、地上権に賃借権を設定していることが分かります（㋗）。「地上権の上に賃借権を設定」というと意味が分かりにくいかもしれませんが、簡単に言えば、地上権の存続期間中に、地上権者はその土地を賃貸することが可能だということです。

　また、地上権の存続期間の定めがある場合は、これを登記します。借地借家法22条および23条による定期借地権による地上権の場合は、存続期間は必ず登記しなければならず、特約事項として借地借家法による特

約を登記します（117ページ記録例1、118ページ記録例2・記録例3の「登記の目的」が「地上権設定」となる）。

もし、地上権設定契約に権利消滅の定めがある場合は、記録例4のように、地上権の登記に付記する形で登記されます（⑦）。

記録例4　権利消滅の定めがある場合

権利部（乙区）（所有権以外の権利に関する事項）			
順位番号	登記の目的	受付年月日・受付番号	権利者その他の事項
1	地上権設定	平成○年○月○日 第1234号	原因　平成○年○月○日設定 目的　竹木所有 地代　1平方メートル1年2万円 支払時期　毎年○月○日 地上権者　渋谷区××一丁目6番5号 　　斉藤ひろし
付記1号 	1番地上権消滅の定	余白	地上権者が死亡した時は地上権が消滅する 平成○年○月○日付記

地上権は抵当権の目的とすることもできる

賃借権とは異なり、地上権には抵当権を設定することができます。例えば、賃借権であれば、土地賃借権とその借地上にある建物を共同して抵当権を設定することはできませんが、地上権であれば地上権とその地上権上の建物に抵当権を設定することができます。

記録例5は、地上権を目的とする抵当権設定がなされたものです。付記登記によって抵当権が設定されています（ケ）。地上権者である澤井浩一郎（コ）が債務者となり（サ）、この地上権を担保にA信用金庫（シ）からお金を借りたということです。

記録例5　地上権を目的とする抵当権設定

権利部（乙区）（所有権以外の権利に関する事項）			
順位番号	登記の目的	受付年月日・受付番号	権利者その他の事項
1	地上権設定	平成○年○月○日 第6530号	原因　平成○年○月○日設定 目的　建物所有 存続期間　平成○年○月○日から○年 地代　1月1万500円 支払期日　毎月5日 地上権者　文京区××七丁目7番7号 　　　　　澤井浩一郎 ㋙
付記1号 ㋘	1番地上権 抵当権設定	平成○年○月○日 第7080号	原因　平成○年○月○日金銭消費貸借 同日設定 債権額　金2,000万円 利息　年3％（年365日日割計算） 損害金　年14.5％（年365日日割計算） 債務者　文京区××七丁目7番7号 　　　　　澤井浩一郎 ㋚ 抵当権者　文京区××一丁目1番2号 　　　　　A信用金庫 ㋛

　また、地上権はその土地の地下や地上の空間の一定の範囲を目的として、「区分地上権」を設定することができ、これを登記できます。記録例6は、高架鉄道敷設を目的とする（㋜）地上権設定です。

記録例6　区分地上権の設定

権利部（乙区）（所有権以外の権利に関する事項）			
順位番号	登記の目的	受付年月日・受付番号	権利者その他の事項
1	地上権設定	平成○年○月○日 第1111号	原因　平成○年○月○日設定 目的　高架鉄道敷設 ㋜ 範囲　東京湾平均海面の上100メートルから上30メートルの間 地代　1平方メートル1年3万円 支払時期　毎年○月○日 特約　土地の所有者は高架鉄道の運行の障害となる工作物を設置しない 地上権者　墨田区××一丁目1番2号 　　　　　A株式会社

7 区分建物に関する登記

　一棟の建物に、構造上区分された数個の部分で独立して住居、店舗、事務所または倉庫その他建物としての用途に供することができるものがあるときは、その各部分は、「建物の区分所有等に関する法律」により、それぞれ所有権の目的とすることができます。これを区分建物といい、一般的には、分譲マンションなどが該当します。

　区分建物として登記された建物は、その区分された各部屋（専有部分ごと）に独立した登記記録が作成されます。通常の建物登記記録との大きな違いは、表題部にあります（記録例1）。

表題部は一棟の建物と専有部分に分かれる

　表題部の冒頭部分には一棟の建物の表示が記載され（⑦）、マンションであれば、建物全体の所在（④）、構造（⑨）、各階床面積（㋑）が表記されます。このように、区分建物の場合、区分された各部屋の表示の前に、まず建物一棟の表示が入るところに大きな特徴があります。

　一棟の建物全体の記載に続いて、専有部分の建物の表示（㋺）として、区分された建物ごとに付される不動産番号、家屋番号、建物の名称のほか、種類（㋕）、構造（㋖）、床面積（㋗）が表記されます。この部分が、権利の対象となる各部屋の表題部の表示になります。

　そして、専有部分の建物の表示に続いて、敷地権の表示（㋘）があるのが一般的な区分建物の登記記録です。

記録例1　区分建物の表題部

専有部分の家屋番号	145－2－105～145－2－232				
表題部（一棟の建物の表示）ア		調製	（省略）	所在図番号	余白
所　在 イ	中野区××一丁目　145番地2		余白		
建物の名称	コーポ○○A棟		余白		
①構造 ウ	②床面積　　㎡ エ		原因及びその日付〔登記の日付〕		
鉄骨鉄筋コンクリート・鉄筋コンクリート造陸屋根11階建	1階　1122　27 2階　1107　22 3階　1151　60 4階　1151　60 5階　1105　33 6階　1073　22 7階　1002　47 8階　 888　60 9階　 856　20 10階　 524　69 11階　 398　52		余白		
余白	余白	余白	昭和63年法務省令第37号附則第2条第2項の規定により移記 平成○年○月○日		
表題部（敷地権の目的である土地の表示）					
①土地の符号	②所在及び地番	③地目	④地積　㎡	登記の日付	
1	中野区××一丁目　145番2	宅地	6840　76	昭和○年○月○日	

表題部（専有部分の建物の表示）オ			不動産番号	1234567890124
家屋番号	中野区××一丁目　145－2－105		余白	
建物の名称	801		余白	
①種類 カ	②構造 キ	③床面積　　㎡ ク	原因及びその日付〔登記の日付〕	
居宅	鉄骨鉄筋コンクリート造1階建	8階部分　67　19	昭和○年○月○日新築 〔昭和○年○月○日〕	
余白	余白		昭和63年法務省令第37号附則第2条第2項の規定により移記 平成○年○月○日	
表題部（敷地権の表示）ケ				
①土地の符号	②敷地権の種類	③敷地権の割合	原因及びその日付〔登記の日付〕	
1	所有権	100000分の392	昭和○年○月○日敷地権 〔昭和○年○月○日〕	

敷地権の登記がない場合もある

　敷地権は、専有部分を所有するための建物の敷地利用に関する権利（敷地利用権）です。

　土地と建物はそもそも別々の不動産です。建物を所有するには、土地を利用する何らかの権利が必要になります。敷地利用権は所有権だったり、地上権だったり、賃借権だったりします。こうした敷地利用権のうち、登記された所有権、地上権、賃借権で、建物専有部分と別々に処分することができないものを敷地権といいます。

　表題部以外の権利部、甲区、乙区は一般の建物と同様の記載となります。当然ですが、この甲区および乙区に記載されている事項の対象となるのは、その区分された建物部分ということになります。

　敷地権の登記は、昭和58年の法改正によるものです。この改正以前のものは、法改正により敷地権付区分建物に移行し、敷地権の登記をした建物もありますし、今日においても敷地権化されていない建物もあります。

　敷地権化されていない場合、区分建物の登記記録には「敷地権」の表示がありません。この敷地権の表示がなくとも、区分建物所有者は何らかの敷地の利用権（共有持分、借地権）を持っているのが一般的ですので、建物と底地部分の登記記録を別々に確認してみる必要があります。

規約共用部分は登記が可能

　ここまで、独立の所有権で取引の対象となる専有部分について説明しました。マンションの場合には、専有部分の他に、居住者の一部または全員で使う廊下やエレベーターなどの共用部分があります。この共用部分は、マンションの所有者の共有というのが原則になります。

共用部分には、①法定共用部分と②規約共用部分があります。

①法定共用部分とは、廊下やエレベーターなど建物の構造上、専有部分の所有者皆で共同使用することが明らかな部分をいいます。この法定共用部分については、区分建物としては登記することができません。

これに対して、②規約共用部分とは、専有部分ともなりえる物置などの附属建物、あるいはマンションの一部屋を管理人室とした場合など、マンションの規約で共用部分として定めたものをいいます。

規約共用部分の場合、記録例2のように「規約共用部分たる旨の登記」をすることができます。

記録例2　規約共用部分たる旨の登記

表題部（専有部分の建物の表示）				不動産番号	1234567890101
家屋番号	新宿区××一丁目　2番201			余白	
①種類	②構造	③床面積　㎡		原因及びその日付〔登記の日付〕	
集会室	鉄筋コンクリート造1階建	2階部分	87:20	平成○年○月○日新築	
余白	余白			平成○年○月○日規約設定共用部分㋩〔平成○年○月○日〕	
表題部（敷地権の表示）					
①土地の符号	②敷地権の種類	③敷地権の割合		登記の日付	
1	所有権	100000分の223		平成○年○月○日敷地権〔昭和○年○月○日〕	

規約共用部分たる旨の登記がされている場合、規約部分の登記記録の表題部に「平成○年○月○日　規約設定共用部分」として記載されています（㋩）。

なお、このような規約共用部分たる旨の登記をせず、管理人室を区分建物所有者の共有で登記をしているマンションもあります（次ページ・記録例3）。

記録例3　管理人室を共有持分で登記している場合

表題部(主である建物の表示)		調製	平成○年○月○日	不動産番号	1234567898765
所在図番号	余白				
所　　在	渋谷区××一丁目　123番地4			余白	
家屋番号	123番4の550			余白	
①種類	②構造		②床面積　㎡	原因及びその日付〔登記の日付〕	
集会所	鉄筋コンクリート造陸屋根平家建		160 00	平成○年○月○日新築	
表題部(付属建物の表示)					
符号	①種類	②構造	③床面積　㎡	原因及びその日付〔登記の目的〕	
1	事務所作業員詰所	鉄筋コンクリート造陸屋根平屋建	51 52	余白	

権利部（甲区）（所有権に関する事項)			
順位番号	登記の目的	受付年月日・受付番号	権利者その他の事項
1234	甲田太郎持分全部移転	平成○年○月○日第1357号	原因　平成○年○月○日売買 共有者　渋谷区××一丁目123番地4－301号 　　持分4626020分の4237 　　乙山次郎

演習問題に挑戦！（その２）

下記の登記記録を見て、次の問題に答えてください。（解答・解説は133ページ）

権利部（甲区）（所有権に関する事項）			
順位番号	登記の目的	受付年月日・受付番号	権利者その他の事項
1	所有権移転	平成1年2月3日 第1234号	原因　平成1年2月3日売買 所有者　中野区東西町一丁目1番1号 　　　　株式会社近代
付記1号	1番登記名義人表示変更	平成7年8月9日 第7889号	原因　平成7年7月7日本店移転 本店　中野区東西町一丁目1番2号

権利部（乙区）（所有権以外の権利に関する事項）			
順位番号	登記の目的	受付年月日・受付番号	権利者その他の事項
1	根抵当権設定	平成2年3月4日 第2345号	原因　平成2年3月4日設定 極度額　金5,000万円 債権の範囲　銀行取引　手形債権　小切手債権 債務者　中野区東西町一丁目1番1号 　　　　株式会社近代 根抵当権者　中野区一番町一丁目2番3号 　　　　株式会社A銀行 　　　　（取扱店　中野支店） 共同担保　目録（あ）第1111号
付記1号	1番根抵当権変更	平成3年4月5日 第3456号	原因　平成3年4月5日変更 極度額　金8,000万円
2	1番根抵当権抹消	平成4年5月10日 第4567号	原因　平成4年5月8日解除
3	根抵当権設定	平成5年6月7日 第5678号	原因　平成5年6月7日設定 極度額　金5,000万円 債権の範囲　銀行取引 債務者　中野区東西町一丁目1番1号 　　　　株式会社近代 根抵当権者　中野南北町一丁目2番3号 　　　　株式会社B銀行 　　　　（取扱店　中野支店） 共同担保　目録（あ）第2222号
付記1号	3番根抵当権移転	平成6年7月8日 第6789号	原因　平成6年6月6日合併 根抵当権者　中野区東西町三丁目3番3号 　　　　株式会社C銀行 　　　　（取扱店　中野支店）

（次ページへ続く）

順位番号	登記の目的	受付年月日・受付番号	権利者その他の事項
付記2号	3番根抵当権変更	平成7年8月9日第7890号	原因　平成7年7月7日　本店移転 債務者の本店　債務者　中野区東西町一丁目1番2号
付記3号	3番根抵当権変更	平成8年9月10日第8912号	原因　平成8年8月8日変更 極度額　金1億円
付記4号	3番根抵当権変更	平成9年10月11日第9012号	原因　平成9年9月9日変更 債権の範囲　銀行取引　手形債権　小切手債権
付記5号	3番根抵当権変更	平成10年11月12日第10123号	原因　平成10年10月10日変更 極度額　金2億円

第1問　本件不動産に現在設定されている根抵当権はいくつありますか。

解答：＿＿＿＿＿＿＿＿＿＿＿＿＿＿

第2問　本件不動産の現在の根抵当権者の商号および本店所在地はどこですか。

解答：商号

　　　　本店所在地

第3問　本件不動産で担保されている根抵当権の極度額はいくらですか。

解答：＿＿＿＿＿＿＿＿＿＿＿＿＿＿

第4問　本件不動産に設定されている根抵当権の現在の債権の範囲は何ですか。すべて答えてください。

解答：＿＿＿＿＿＿＿＿＿＿＿＿＿＿

【解答＆解説】

第1問　1つ（乙区3番の根抵当権）

　乙区1番根抵当権は、乙区2番で抹消されている。現在残っているのは乙区3番で設定された根抵当権のみ。

第2問　商号　株式会社C銀行／本店　中野区東西町三丁目3番3号

　乙区3番の根抵当権は、付記1号で合併によりB銀行からC銀行に移転している。

第3問　金2億円

　乙区3番根抵当権の極度額は、設定当初、5,000万円であったところ、付記3号で1億円に変更され、その後、付記5号で2億円に変更されている。

第4問　銀行取引　手形債権　小切手債権

　乙区3番根抵当権の設定当初の債権の範囲は銀行取引だけであったが、その後、付記4号で「銀行取引　手形債権　小切手債権」と変更されている。

　なお、債務者の本店所在地についても、当初、中野区東西町一丁目1番1号であったところ、付記2号で中野区東西町一丁目1番2号に移転していることが分かる。

　以上から、現在本件不動産で担保されている根抵当権の内容は次のとおりとなる。

・根抵当権者　中野区東西町三丁目3番3号　株式会社C銀行
・極度額　金2億円
・債権の範囲　銀行取引　手形債権　小切手債権
・債務者　中野区東西町一丁目1番2号　株式会社近代

第3章

登記申請手続き

1 不動産登記の諸原則

本章では、不動産登記を手続き面から解説していきます。まずは、不動産登記の諸原則について説明します。

(1) 申請主義

当事者の申請あるいは官公署の嘱託により登記手続きが開始されることを「申請主義」といいます。つまり、当事者が登記を申請しないのに、登記官が勝手に登記をしてくれることは原則的にはありません。

登記は、私的な権利関係を公示することを目的としています。この私的な権利関係を正確に把握しているのは当事者です。当事者からの申請によって登記をすることで、誤った登記がされることなく、権利関係が正確に公示されることになります。

登記申請しないことも当事者同士の自由

また、登記申請は法律で義務づけられているわけではありません（表題部を除く）。登記をすることにより得られる対抗力や権利推定力などを当事者が欲しないのであれば、登記を申請しないことも当事者の自由となります。

差押や競売といった官公署による嘱託登記についても、官公署による嘱託によって登記が開始されます。嘱託がないのに登記がされるということはありませんので、嘱託登記もまた当事者による申請となります。

なお、登記官が職権で登記をする場合もあります。滅多にないことで

すが、例えば法務局の過誤で明らかに誤った登記を更正する場合などです。こういった一部の例外を除き、当事者が登記を申請するのが原則となります。

(2) 共同申請主義

　第三者から所有権を取得した、賃借権や抵当権を設定したなどの理由で権利を得る。または今まで登記されていた抵当権を抹消するなど、権利に付いていた負担がはずれる。このような権利関係の変動に伴って登記申請する場合に、登記前よりも有利になる申請当事者を「登記権利者」といいます。

　これとは逆に、第三者に所有権を移転した、あるいは今まで負担のなかった所有権に抵当権や賃借権が設定されたなど、登記前より不利益を受ける申請当事者を「登記義務者」といいます。

　この登記権利者と登記義務者が共同して登記を申請するという原則を「共同申請主義」といいます。

　登記は、私的な権利関係を公示することを目的としています。この私的な権利関係の変動を一番よく知るのは当事者です。権利を得る者と不利益を受ける者が一緒に登記申請することで誤りのない登記を実現するため、不動産登記法は両当事者による共同申請を原則としています。

共同申請主義には例外もある

　しかし、共同申請でなくとも誤りのない登記ができる場合もあります。共同申請主義の例外として、単独申請できるものもあります。

①相続登記
　相続を原因として登記記録上の所有者である被相続人（亡くなった人）からその相続人へ所有権を移転する登記などです。

また、相続による権利の移転を法律用語では「包括承継」と呼びますが、被相続人は相続により自身の相続人に対して所有権の移転義務を負うわけではないので、義務者という概念はなじみません。

　相続の場合、被相続人が登記に関与しなくとも、戸籍証明など公の書類によって登記記録上の所有者の死亡およびその相続人を確定することができますので、登記により権利を得る相続人からの単独申請となっています。

②住所変更などの登記

　登記簿に記載されている登記名義人の住所や氏名が変更になった場合、登記名義人の住所等変更登記を申請します。この登記名義人の住所や氏名の変更は、単に当事者の表示に変更があっただけで、権利関係の変動によるものではありません。

　また、住所や氏名の変更なども住民票や戸籍証明などの公の書類によってその変更を確認できますので、単独申請となっています。

③判決による登記

　例えば、売買契約は成立したが、売主が登記申請に協力してくれないような場合、不動産登記法は共同申請を原則としているため、この状態では登記を申請することができません。

　登記に協力してくれない当事者がいる場合、裁判で登記に協力しない者を被告とし、登記義務者の申請意思に代わる判決を得て、その判決書を添付することで登記を単独で申請することができます。

　また、判決と同一の効力を有する和解調書や調停調書も、登記手続きに関する条項が調書にあれば、同様に登記権利者が単独で申請することができます。

④所有権保存登記

所有権保存登記とは、第2章で紹介したとおり、権利に関する最初の登記をいいます。

所有権保存登記は、建物を新築した場合の登記が一般的です。建物が完成すると1つの不動産になりますが、この建物の所有権は第三者から移転されたわけではありません。このため、権利に関する最初の登記は単独で申請します。

建物の保存登記が申請できるのは、表題部に所有者として記載されている者およびその相続人等に限定されていますので、注意が必要です。

例外として、区分建物の場合、表題部に所有者として記載されている者から直接所有権を取得した人も所有権の保存登記ができます。

登記官には登記原因を調査する権限はない

(3) 形式的審査主義

法務局は登記申請を受け付けると、登記官がこれを審査します。権利の登記申請の審査において、登記官は書類に不備等がないか調査する権限しか有しないとされています。これを「形式的審査主義」といいます。

例えば、売買による所有権移転の登記が法務局に申請された場合、これを審査する登記官には原則として書類を審査する権限しかありません。登記申請に必要な法定の書類が添付されていれば、登記の原因となる売買が本当にあったのかどうかを調査することはできないのです。

このように、登記官には実質的な調査権限がないことから、前述の共同申請主義によって、両当事者を登記申請に関与させることにより、間違いのない登記をする仕組みをとっています。

なお、表題部の登記に関しては、登記官には実質的な調査権限があるとされており、実地調査等を行うことがあります。

（4）書面主義

　不動産登記の申請は必ず書面によって申請しなければなりません。これを「書面主義」といいます。法務局へ行って口頭で登記の内容を登記官に伝えても、登記をしてもらうことはできないという意味です。

　ただし、旧不動産登記法においては、必ず書面による申請とされていましたが、近年、不動産登記法が改正され、現在はインターネットを介して登記を申請することもできます。そのため、現行の不動産登記は、厳密には書面主義ではありません。

登記のマメ知識

登記制度の発端は地租改正にあり!?

　現在の登記制度は、明治政府の租税改革に端を発しているといわれています。

　政府は明治6年に地租改正を行い、それまでの収穫高などに課税していた制度を改め、物納から地価を基準に課税し金銭納付とする方法へと変更を行いました。これに伴い、納税者が土地利用者から所有者へと変更され、土地所有者がだれなのかが重要となりました。

　実は地租改正に先立つ明治4年には、東京市街地で土地の所有を示す地券の発行が開始されていました。翌明治5年にはそれまで禁止されていた田畑の売買を認め、農村においても土地を譲渡する際に地券を発行。地券には、納税義務者としての表示に加え、測量結果が記載されており、地券台帳にその記録が保管されました。この地券の発行によって土地の持ち主が特定され、その所有権が公的に明らかとなり、それまでほとんどなかった個人財産としての土地取引が行われるようになったのです。

　しかし、地券制度は所有権の公示機能しかなかったため、地租の課税を目的に、明治政府は当時のフランスの登記制度を参考として登記法を制定することにしました。当初は、「治安裁判所」と呼ばれるところで登記事務を行い、現在の「権利部」のもとになる登記簿が備え置かれました。地券台帳はその後、土地台帳制度に引き継がれ、地租は土地台帳に記載された地価を基準に課税されました。

　戦後、登記事務および土地台帳は法務省へ移管されます。昭和35年に土地台帳制度は廃止となり、不動産の現況は登記簿「表題部」へと移行しました。ここで初めて、現在のように「表題部」と「権利部」の二部構成の様式になったのです。

2 登記申請時の添付書類

　不動産登記を申請するには、申請書の他に様々な添付書類が必要になります。登記申請に必要な添付書類について説明します。

1 登記原因証明情報

　登記原因証明情報とは、登記の原因となった事実または法律行為と、これに基づき権利変動が生じたことを証する情報のことをいいます。

　これに該当する書類に、売買契約書、贈与契約書、抵当権設定契約書、担保差入証などがありますが、これらを登記原因証明情報として使うには、登記申請書に記載するべき事項が網羅されていることが必要です。具体的には、当事者の表示や不動産の表示、登記原因や日付が記載されていること、さらに、権利変動が成立したことが明らかにされていなければなりません。

　これらの書類がない場合や、書類があっても法務局に提出できない場合には、当事者が登記原因を報告的に記載した書類に登記義務者が署名押印または記名捺印した書類を提出することで、登記原因証明情報とすることができます。司法書士が代理申請する場合は、報告的な登記原因証明情報を使うのが一般的です（サンプル6）。

　所有者の住所や氏名の変更登記の場合は住民票、戸籍事項証明、相続ならば被相続人の出生から死亡までの戸籍証明、相続人の戸籍証明、遺産分割協議書などがこれにあたります。会社合併を原因とするような所有権移転登記なら、法人の登記事項証明書が登記原因証明情報になります。

サンプル6　(報告的)登記原因証明情報

登記原因証明情報

1　登記申請情報の要領
　(1)　登記の目的　　　抵当権設定
　(2)　登記の原因　　　平成○年○月○日金銭消費貸借
　　　　　　　　　　　　平成○年○月○日設定
　(3)　当　事　者　　　抵当権者（甲）　東京都中野区○○一丁目2番3号
　　　　　　　　　　　　　　　　　　　　株式会社A銀行（取扱店○○支店）
　　　　　　　　　　　　設定者　　（乙）　東京都中野区○○一丁目13番9号
　　　　　　　　　　　　　　　　　　　　株式会社東西精密
　(4)　不動産の表示　　所　在：○○市○○町
　　　　　　　　　　　　地　番：○番○
　　　　　　　　　　　　地　目：宅地
　　　　　　　　　　　　地　積：○○平方メートル

2　登記の原因となる事実または法律行為
　(1)　金銭消費貸借契約の締結
　　　　甲と乙は、平成○年○月○日、次のとおりの金銭消費貸借契約を
　　　締結し、同日、甲は乙に対し、同契約に基づく金銭を貸しつけた。
　　　債権額：金○○万円
　　　利　息：年○％（年365日日割計算）
　　　損害金：年○％（年365日日割計算）
　　　債務者：東京都中野区○○一丁目13番9号　株式会社東西精密
　(2)　抵当権設定契約
　　　　甲と乙は、平成○年○月○日、乙所有の本件不動産に前記の債権を
　　　被担保債権とする抵当権設定契約を締結した。

平成○年○月○日　　東京法務局　　中野出張所　　　御中

上記の登記原因のとおり相違ありません。
　（抵当権者：甲）
　　　住　所　　東京都中野区○○一丁目2番3号
　　　氏　名　　株式会社A銀行
　　　　　　　　代表取締役　南野太郎　　　　　　　　　　　

　（設定者：乙）
　　　住　所　　東京都中野区○○一丁目13番9号
　　　氏　名　　株式会社東西精密
　　　　　　　　代表取締役　東西一郎　　　　　　　　　　　印

2 登記済証または登記識別情報

「登記済証」とは、登記が完了すると法務局から登記名義人に交付される書類です。

旧不動産登記法時およびオンライン未指定庁においては、登記を申請する際に、原因証書(現在の登記原因証明情報にあたる)または申請書の副本(申請書の写し)を添付して登記を申請していました。そのうえで申請した登記が完了すると、この添付書面に「○○法務局登記済」とした法務局の印鑑が押されて、登記名義人に交付されました(**サンプル7**)。登記済証は、紛失しても再発行されることはありません。

登記済証は、所有権の移転、抵当権の設定、住所変更など、どの登記であっても交付されますが、これらのうち、所有権に関する登記済証を一般的に「権利証」と呼んでいます。権利証は、将来不動産を売却し、買主名義に登記名義を移す場合や、抵当権設定契約に伴い抵当権設定登記をする際に必要な書類で、登記の申請が登記名義人本人からのものであることを確認するために添付されます。

なお、オンライン指定庁においては登記済証は廃止され、後述の「登記識別情報」に代わりましたが、オンライン化する前に登記がなされた不動産の場合は、従前に交付された登記済証を使って、所有権移転登記や抵当権設定登記を行います。なお、従前の登記済証と引換えに、新たに登記識別情報を発行するという手続きはありません。

登記識別情報は12桁の英数字の組合せ

法務大臣が指定した法務局においては、インターネットを利用した登記申請ができるようになり、登記済証に代わり「登記識別情報」が通知されています。

登記済証に代わり法務局から通知される登記識別情報通知には、12桁

サンプル7　登記済証

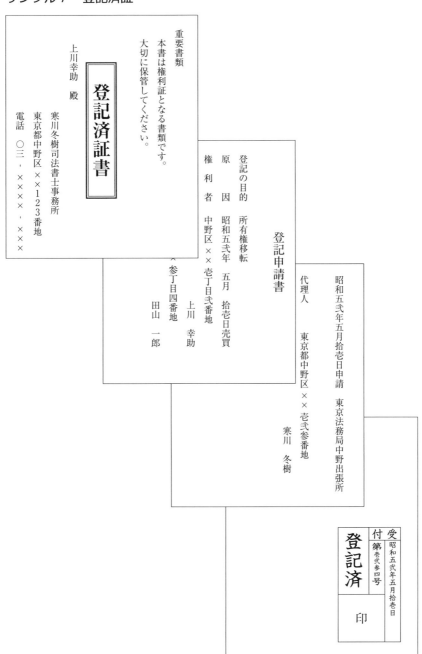

の英数字の組合せが記載されています。要するに"パスワード"です。

　登記識別情報通知が法務局から交付される際は、目隠しシールが貼られた状態で交付されます。このシールは特殊加工がされており、一度はがすと貼り直せない仕組みになっています。登記識別情報自体は、次の登記申請まで必要になるものではありませんので、シールをはがさずにそのまま保管するのが一般的です（**サンプル8：なお、現在は袋綴じに様式が変更され、QRコードが併記されています**）。

　もし、登記名義人自身がシールをはがしていないのに、法務局のシールがはがれていたら、登記識別情報をだれかに見られた可能性がありますので、この場合は失効させることができます。

　なお、登記申請に際して、そもそも登記識別情報の通知を希望しないこともできるうえ、前述のとおり失効させることもできますので、登記識別情報があっても、それが本当に有効なのかどうかという確認が必要になります。こうした点が従前の登記済証との大きな違いです。

　また、登記済証の場合、その書類を「持っている」ことが不動産の権利者を判断するうえで重要でした。一方で、登記識別情報は、通知書自体を持っていることはそれほど重要ではありません。登記識別情報はパスワードのため、通知書がなくとも、申請の際にパスワードを伝えられればそれでよいのです。そして、通知書がコピーされてしまえば、従前の権利証を持って行かれたのと同じ意味合いになります。

　登記識別情報も登記済証も、権利を表象した書類ではありません。あくまでも次の登記申請の際に、登記名義人本人からの申請であることを確認するための情報になります。

受付年月日、受付番号、不動産の表示を確認

　所有権の移転や抵当権の設定に際しては、登記済証や登記識別情報通知を登記義務者に用意してもらうことになります。その登記に使う登記

サンプル8　登記識別情報通知

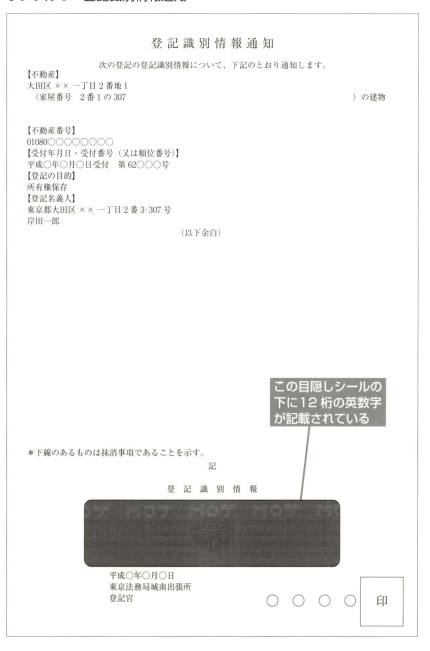

済証または登記識別情報を間違いなく特定しなくてはなりません。

　法務局から交付された登記済証や登記識別情報通知書には、必ず受付年月日、受付番号、不動産の表示が記載されています。この受付年月日、受付番号、不動産の表示が、登記記録上の受付年月日・受付番号欄のものと一致するか確認することによって、登記識別情報等の特定をします。

相続や合併などの場合は登記済証は原則不要

　所有権などの権利移転や新たに抵当権などを設定する際の登記申請には、原則、登記済証等を添付する必要があります。ただし、137〜139ページの単独申請で説明した、相続や合併、判決による登記、住所や氏名変更の登記、保存登記では、登記済証等の添付は不要です。

　相続や合併は包括承継といって、登記義務者がいません。また、判決による登記は、登記義務者が登記済証等を交付しないなど、登記に協力してくれない場合に用いる手続きです。

　住所変更登記は権利の移転や設定ではなく、登記名義人の表示を変更する登記ですので、住民票などの公の書類でその変更を確認できます。保存登記は権利に関する最初の登記なので登記義務者もいませんし、登記済証等も存在しません。

　なお、中には、相続や住所変更登記であっても、登記済証等を添付して申請する場合があります。例えば、登記義務者が住所を転々としたため、住民票や戸籍の附票をもってしても、登記記録上の住所から現在の住所へのつながりを公の書面で明らかにできない場合などです。また、相続においても、相続開始から年月が経過し、登記記録上の被相続人の住所と死亡時の住所がつながらない場合において、登記済証等を添付して申請することがあります。

　こうしたケースもありますので、登記を予定している場合は、登記済証等の存在をあらかじめ確認しておくことが大切です。ただし、相続な

どで本来添付しないはずの登記済証等を登記申請に添付するのは、実務上の運用となります。

登記済証等がない場合でも申請は可能

　登記済証や登記識別情報通知の紛失、登記識別情報そのものを最初から発行していない非通知、登記識別情報の失効などにより、登記済証等が申請時に添付できない場合があります。旧法においては、登記済証を紛失した場合、代わりに保証書を作成して登記申請を行うという方法がとられていましたが、現在は①事前通知制度または②本人確認情報提供制度を利用できます。

①事前通知制度

　登記識別情報や登記済証（以下、「登記済証等」という）を登記申請に際して法務局に提供できない場合、登記申請を受け付けた法務局は登記義務者に対して本人限定郵便で登記が申請された旨を通知します。
　この通知に対し、登記義務者が法務局に登記申請は間違いない旨の申し出をすれば、登記手続きが開始される制度です。もし、2週間以内に登記義務者からの申し出がなければ、申請は却下されます。

②本人確認情報提供制度

　登記義務者が登記済証等を提供できないことに正当な事由がある場合、司法書士などの資格者代理人が登記義務者本人と面談し、登記申請に際して本人確認情報とその確認資料を法務局へ提出する制度です。
　これとは別に、公証人が登記義務者本人であることを確認し、資格者代理人宛ての委任状等に認証文を付与するやり方もあります。
　いずれも、本人確認情報の内容が相当であると登記官が判断すれば、前述の事前通知をしないで登記手続きがなされる制度です。

3　住所証明書

　登記記録には、権利者の住所と氏名が登記されます。例えば、不動産の売買において所有権移転登記を行う場合は、所有者となる買主の住所・氏名が新たに登記されることになります。また、相続に伴う登記を行う場合には、不動産を取得することになる相続人の住所・氏名が新たに登記されます。

　もし、こうした登記の際に権利者の住所・氏名が不正確で、自称や芸名あるいは架空の人物などであったら、登記記録から真正なる権利者が判明できなくなってしまいます。

　このため、所有権保存登記や所有権移転登記では、登記名義人となる登記権利者の住民票の写し（サンプル9）を添付します。公の証明である住民票の写しが添付されることにより、登記権利者の存在およびその正確な住所・氏名を登記官が確認し、登記を行うことになっているのです（戸籍の附票も住所証明書として利用することができる）。

　なお、登記権利者が法人の場合は、法務局発行の履歴事項証明書または現在事項証明書（商業登記簿謄本）が、この住所証明書に該当することになりますが、これに代えて、法人等登記番号を申請書に記載することで、法人の住所証明書類の提出を省略できます。

サンプル9　住民票の写し

東京都大田区	住　民　票				
世帯主	沢村　太朗				
住所	中央三丁目2番1-504				

氏名	沢村　太朗				
生年月日	昭和54年5月4日	性別　男	続柄　世帯主	住民となった日	平成○年○月○日
本籍	省略				
筆頭者	省略				
前住所	東京都大田区中央一丁目2番3号　アパートメンツ○○202		住定年月日 平成○年○月○日 転居	届出年月日 平成○年○月○日	
備考				住民票コード 省略	

氏名	沢村　花子				
生年月日	昭和56年10月14日	性別　女	続柄　妻	住民となった日	平成○年○月○日
本籍	省略				
筆頭者	省略				
前住所	東京都大田区中央一丁目2番3号　アパートメンツ○○202		住定年月日 平成○年○月○日 転居	届出年月日 平成○年○月○日	
備考				住民票コード 省略	

氏名	＊＊＊　以下余白　＊＊＊

戸籍住民課発行

この写しは、世帯全員の住民票の原本と相違ないことを証明します。
　　　　平成○年○月○日
　　　　　　大田区長　○○　○○　　㊞

この証明書には、「すかし」等の不正防止の処置を施してあります。

4　印鑑証明書

　所有権移転登記や所有権に抵当権設定登記を行う場合など、所有権の登記名義人が「登記義務者」として登記を申請する際には、登記義務者の印鑑証明書（サンプル10）を添付します。

　この印鑑証明書は作成日付から3ヵ月以内のものでなくてはなりません。登記義務者が個人の場合、印鑑証明書は市区町村長作成のものになります。法人の場合は、法務局が発行する当該法人の代表者の印鑑証明書です。

　また、所有権に関する登記義務者として印鑑証明書を添付するほか、相続登記における遺産分割協議書や承諾書に関しても印鑑証明書を添付しますが、この場合は書面の真実性を担保するためのものなので、作成日から3ヵ月以内という制限はありません。

　登記の申請において印鑑証明書を添付する場合、申請書または委任状、あるいは承諾書や遺産分割協議書に捺印された印影と添付された印鑑証明書を使って、登記官は印影照合を行うことになります。このため、これらの各書類は、印影照合ができるように鮮明に捺印してもらうことが大切です。

サンプル10　印鑑証明書

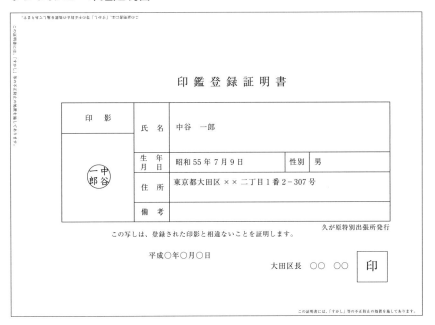

5　代理権限証書・資格証明書

（1）代理権限証書

　登記の申請は、必ず本人が行わなければならないというわけではなく、代理人が申請することもできます。ただし、代理人によって登記の申請をする場合、申請書とともに代理人の権限を証明する情報（代理権限証書）を添付する必要があります。

　具体的には、登記申請に際して司法書士や土地家屋調査士に委任する場合の「委任状」が代理権限証書になります（サンプル11）。

　登記は共同申請で行うのが原則であり、当事者である登記義務者と登記権利者が申請書に押印して申請しますが、司法書士等に手続きを委任した場合は、この委任状に登記義務者・登記権利者が押印します。

　登記申請において登記義務者の印鑑証明書の添付が必要な場合は、委任状に実印での押印が必要になります。

（2）資格証明書

　具体的には、申請当事者となる法人の法人等登記番号を申請書に記載します。

　従前は、資格証明情報として、法人の代表事項証明書（157ページ・サンプル12）や現在事項証明書などのいわゆる商業登記簿謄抄本を添付して申請をしていました。

　平成27年11月2日より、この取扱が変更となり、書面による資格証明情報に代えて、原則として、法人等登記番号を申請書に記載する取扱いとなりました。

　なお、資格証明情報は、法人等登記番号を記載するのが原則となりますが、法人の現在事項証明書や代表事項証明の書類を添付して申請することも可能です。ただし、従前の規定では、証明書は作成日から3カ月以内でしたが、現在は1カ月以内となり、この期間が短くなっています

サンプル11　委任状

委　任　状

　　　　住　所　東京都新宿区○○三丁目4番5号
　　　　氏　名　司法書士　近代総一郎

　私どもは、上記の者を代理人と定め、下記の登記申請に関する一切の権限を委任いたします。

記

1. 不動産の表示　　後記のとおり
1. 登記の目的　　　抵当権設定
　　登記の原因　　　平成○年○月○日金銭消費貸借
　　　　　　　　　　平成○年○月○日設定
　　債　権　額　　　金○○万円
　　利　　　息　　　年○％（年365日日割計算）
　　損　害　金　　　年○％（年365日日割計算）
　　債　務　者　　　東京都中野区○○六丁目7番8号
　　　　　　　　　　　　秋本一男
　　抵当権者　　　　東京都中野区○○五丁目4番3号
　　　　　　　　　　　　株式会社A銀行
　　設　定　者　　　東京都中野区○○六丁目7番8号
　　　　　　　　　　　　秋本一男
1. 登記識別情報の暗号化に関する一切の件
1. 原本還付請求及び受領に関する一切の件
1. 登記識別情報通知書及び登記完了証受領に関する一切の件
1. 登記申請の取下げ及び補正に関する一切の件
1. 登録免許税の還付金受領代理に関する一切の件
1. 復代理人の選任に関する件

平成○年○月○日
　　登記権利者（抵当権者）
　　　　住　所　東京都中野区○○五丁目4番3号
　　　　氏　名　株式会社A銀行
　　　　　　　　代表取締役　冬平三郎　　　　　　㊞

　　登記義務者（抵当権設定者）
　　　　住　所　東京都中野区○○六丁目7番8号
　　　　氏　名　秋本一男　　　　　　　　　　　　㊞

［不動産の表示］
　　東京都中野区○○六丁目○○番○○の土地

ので注意が必要です。

資格者代理人による申請の場合

　法人等登記番号の記載が申請書にあれば、法務局への資格証明情報の書面としての提出が原則不要となりました。

　ただ、司法書士等の資格者代理人に委任して登記手続きを行う場合、司法書士は法人の代表者あるいは職務権限者を確認する必要があるため、法務局に証明書類を提出する必要がなくとも、登記情報などにより代表者確認手続きを行っています。

サンプル12　代表者事項証明書

代 表 者 事 項 証 明 書

会社法人等番号 1234-56-000000

商　　号　甲乙株式会社

本　　店　東京都中野区××123番地1

代表者の資格、氏名及び住所
　　　　　東京都世田谷区××456-7
　　　　　代表取締役　丙川　道夫

　これは上記の者の代表権に関して登記簿に記録されている現に効力を有する事項の全部であることを証明した書類である。

平成○年○月○日

東京法務局中野出張所
登記官　　　　　　　　　　　　○○　○○　　［印］

整理番号ア 111111

6 その他の添付書類

(1) 第三者の許可同意

登記申請に際して、当事者以外の第三者の許可証や同意書の添付が必要になる場合があります。

①農地法の許可証

耕作地を保護するため、当事者間の契約のみで農地を売買したり、貸したりするには、農地法による「許可」が必要になることがあります。地目が「田」や「畑」となっている土地について所有権移転登記などの登記を申請する場合は、農地法の許可証を添付して申請をします。

なお、抵当権の対象となる不動産が農地の場合、抵当権は担保となる土地の設定者が継続して使用しますので、耕作地の保護という側面において問題はありません。このため、抵当権の設定登記を申請する際には農地法の許可は不要です。

利益相反取引には承認の議事録が必要

②取締役会議事録・株主総会議事録

法人とその役員が取引をする場合、利益相反取引となるケースがあります。例えば、株式会社が所有する土地について、当該株式会社とその会社の代表取締役個人が売買契約を締結し、その売買に基づき所有権移転登記をする場合などです。

この場合、取締役会設置会社であれば取締役会、そうでなければ株主総会を開催して、当該の利益相反取引について承認を得たことを証する議事録を登記申請の際に添付する必要があります。

③親権者の同意書

　未成年者が所有する不動産を売却する場合、未成年者の法律行為は親権者の同意等がないと取消の対象となるので、登記申請にあたっては、親権者の同意書を添付しなくてはなりません。

利害関係人がいる場合は承諾書を提出する

（2）登記上の利害関係人の承諾書

　登記上の利害関係人とは、当該登記申請の当事者以外で、その登記がなされることにより不利益を受ける者をいいます。

　例えば、権利の抹消登記において、抹消される登記に利害関係を持つ人が存在する場合、この利害関係人の承諾なくして抹消登記を行うことはできません（不動産登記法68条）。

　具体的には、ある土地について、売買を原因として所有者をAからBに変更する所有権移転登記がなされ、その後、Bを債務者とするC銀行の抵当権の設定登記がされたとします。

　ところが、AB間の土地の売買が錯誤により無効となったことから、AからBへの所有権移転登記を抹消しようとした場合、C銀行の抵当権はBの所有権に対して設定されていますので、この抹消登記に際して、C銀行の承諾が必要になります（C銀行は登記上の利害関係人）。もし、C銀行が承諾してくれなければ抹消登記はできません。承諾してもらえる場合は、承諾書に承諾者の印鑑証明書を添付したものを法務局へ提供して、抹消登記の申請を行います。

　また、権利の変更登記または更正登記には、必ず利害関係人の承諾がいるものもありますが、その他に、利害関係人の承諾があれば付記登記、なければ主登記となるものもあります。（不動産登記法66条）。

　例えば、債権者であるA銀行が支払いを債務者Bに催告しているが、

Bは利息の支払いを1年以上延滞しているとします。そこで、A銀行は延滞利息を抵当の債権額に組み入れることにしました。この場合、「いつからいつまでの利息の元本組入れ」ということを登記原因として抵当権の変更登記を申請します（これにより、抵当権で担保される債権額が増えることになる）。

　しかし、登記上2番で株式会社C商事が同じようにBに対する貸付で抵当権をつけていると、C商事は、A銀行が申請しようとしている抵当権変更登記の登記上の利害関係人となります。このとき、C商事がA銀行の抵当権変更登記に際して承諾すれば、この抵当権変更登記は1番の付記1号で登記されますが、C商事が承諾しない場合は、乙区3番で登記されることになるのです。

●付記登記になる場合と主登記になる場合

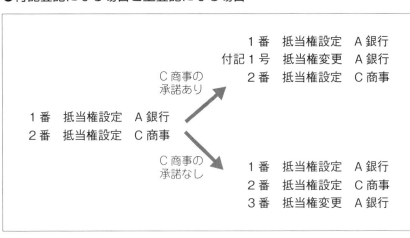

7　原本還付について

　登記申請書に添付した書類を、登記完了後に返却してもらう手続きを「原本還付請求」といいます。登記申請以外にも使用する書類がある場合などは、この手続きを利用します。

　原本還付請求を行う際は、申請の際に添付書類の原本をコピーし、原本に相違ない旨を付記して原本と一緒に法務局へ提出します。原本還付請求を行わなければ、添付書類は法務局で保管され、返却されません。

　また、すべての書類が原本還付の対象となるわけではありません。登記義務者の印鑑証明書、当該申請のみのために作成した登記原因証明情報などは原本還付ができませんので、注意が必要です。

　原本還付請求は、登記申請時に行う必要があります。登記後になって返してほしいと言っても、原本還付請求はできません。

　したがって、原本還付を希望する場合は、その旨をしっかり申請代理人（司法書士等）に伝えることが大切です。

8　登記完了証

　不動産登記規則181条において、登記官は、登記の申請に基づいて登記を完了したときは、申請人に対し、登記完了証を交付することにより、登記が完了した旨を通知しなければならないとされています。

　共同申請の場合、登記申請１件ごとに、登記権利者と登記義務者に１通ずつ交付されます。登記完了証は、前述のとおり登記が終わったことを通知する書面であるため、後日の登記申請に必要となる書面ではありません。

　次ページのサンプル13は、いわゆる紙申請によって登記を申請した場合のものになります。オンラインシステムを利用して登記申請した場合は、サンプルの（書面申請）の部分が（電子申請）となり、登記申請に際して法務局に提供した情報（登記原因や申請当事者、添付書類の記載、課税価格、登録免許税額など登記申請書に記載した事項）も登記完了証に記載されます。

サンプル13　登記完了証

登 記 完 了 証 （書 面 申 請）

次の申請に基づく登記が完了したことを通知します。

申請受付年月日	平成○年○月○日	
申請受付番号	第12345号	
登記の目的	抵当権設定	
登記の年月日	－	
不動産	土地	不動産番号　1234567890123 足立区××一丁目　23番 宅地 98.76平方メートル

(注)　1　「登記の目的」欄に表示されている内容は、「不動産」欄の最初に表示されている不動産に記録された登記の目的です（権利に関する登記の場合に限ります。）。
　　　2　「登記の年月日」欄は、表示に関する登記が完了した場合に記録されます。
　　　3　「不動産」欄に表示されている不動産のうち、下線のあるものは、登記記録が閉鎖されたことを示すものです。
　　　4　この登記完了証は、登記識別情報を通知するものではありません。

以上

平成○年○月○日
東京法務局城北出張所
登記官　　　　　　　　　　○○　　○○　　［印］

3 │ 一括申請の手続き

　登記の目的、登記の原因、当事者が同一で、かつ同一の法務局管轄の場合、本来複数の登記申請をするべきところを、まとめて1件で申請できます。これを「一括申請」といいます。
　一括申請は、もっぱら登記申請手続きに関することになります。例えば、Aさん所有の土地とその土地上にある建物を、まとめてBさんに売却する場合、原則的には、土地と建物の登記申請を別々にすることになります。ところが、土地も建物も同じ法務局が管轄する物件で、当事者もAさんとBさんで同じであり、売買契約の際もまとめて売却しているときは、登記原因も売買日付も同じということになります。このような場合に、まとめて申請することができるのです（まとめて1つの申請書に記載する）。

一括申請の場合は受付日・受付番号が同じ

　登記記録上で一括申請による登記かどうかを判断するには、受付番号を見ることで分かります。別々に申請した場合は、受付年月日が同日でも受付番号が異なります。一括申請していれば、受付年月日も受付番号も同じになります。
　ちなみに、現在の不動産登記においては、登記完了後に登記識別情報（147ページ）が不動産ごとに交付されています。このため、一括申請で同じ受付日、受付番号であっても、登記識別情報は不動産ごとに存在します。一方で、旧不動産登記法適用時ないしはオンライン未指定庁から

交付された登記済証（法務局の登記済印が押されたもの。145ページ）は不動産ごとに交付されず、一括申請により同じ受付番号であれば、1つの登記済証となっています。金融機関において、お客様から登記識別情報や登記済証を預かる際は、こうした違いに注意が必要です。

記録例1　一括申請した場合の登記記録

（土地の登記記録）

権利部（甲区）（所有権に関する事項）			
順位番号	登記の目的	受付年月日・受付番号	権利者その他の事項
1	所有権移転	平成2年2月2日 第12345号	原因　平成○年○月○日売買 所有者　中野区××一丁目1番1号 　　　　甲田はじめ
2	所有権移転	平成8年8月8日 第13579号	原因　平成8年8月8日売買 所有者　中野区××二丁目2番3号 　　　　乙川宗次
3	所有権移転	平成26年9月9日 第21212号	原因　平成26年9月9日売買 所有者　中野区××三丁目4番5号 　　　　丙山三男

（建物の登記記録）

権利部（甲区）（所有権に関する事項）			
順位番号	登記の目的	受付年月日・受付番号	権利者その他の事項
1	所有権保存	平成2年6月6日 第12346号	所有者　中野区××一丁目1番1号 　　　　甲田はじめ
2	所有権移転	平成8年8月8日 第13580号	原因　平成8年8月8日売買 所有者　中野区××二丁目2番3号 　　　　乙川宗次
3	所有権移転	平成26年9月9日 第21212号	原因　平成26年9月9日売買 所有者　中野区××三丁目4番5号 　　　　丙山三男

　記録例1を見てください。土地・建物の登記記録を見比べると、2番の所有権移転登記は受付年月日は同じですが、受付番号が異なっています。3番の所有権移転登記は、受付年月日も受付番号も同じです。これは、2番の登記は別々に申請されたもので、3番の登記は一括申請されたものということを表しています。

共同抵当の場合も一括申請が可能

　1つの被担保債権に対して、複数の不動産に抵当権を設定する場合を共同抵当といいます（93ページ参照）。例えば、建売住宅や中古住宅の戸建ての場合、金融機関は代金総額の住宅ローンを貸し付け、それを保証する保証会社が求償債権を被担保債権として、抵当権を設定することが多いと思います。

　このような場合、土地と建物の総額を一度の金銭消費貸借契約で貸し付け、保証会社が1つの求償債権を被担保債権として、土地と建物に同じ抵当権をつけます。このケースでも、登記の目的、登記の原因、被担保債権、当事者が同一なので、一括申請で登記をすることができます。

　共同抵当の場合は、複数の不動産が担保となっていることを示す共同担保目録が作成されます。共同抵当であるかどうかは、権利部乙区の「権利者その他の事項」欄における共同担保目録の記載の有無で確認できます（記録例2）。

記録例2　共同担保目録の表示と共同担保目録

権利部（乙区）（所有権以外の権利に関する事項）			
順位番号	登記の目的	受付年月日・受付番号	権利者その他の事項
1	抵当権設定	（省略）	（省略） 債務者　新宿区××七丁目8番9号 　　　　大村一郎 抵当権者　新宿区××一丁目2番3号 　　　　A信用金庫 共同担保　目録（あ）第1234号

共同担保目録			
記号及び番号	（あ）第1234号	調製	平成○年○月○日
番号	担保の目的である権利の表示	順位番号	予備
1	新宿区××七丁目　8番9の土地	1	余白
2	新宿区××七丁目　8番地9の建物	1	余白

ちなみに、土地を先行取得して、ハウスメーカーに注文住宅を建ててもらうような場合は、まず、土地を取得する際に土地代の貸付分の抵当権を設定し、その後、建物が建ったら、建物にも土地代の抵当権を共同抵当として追加設定したうえで、建物代金の貸付分を土地と建物に共同抵当で設定するという流れが多いようです。

4 住所・氏名変更登記

　登記をしてから年月が経ち、登記上の名義人が転居したり、婚姻したりすることによって住所や氏名に変更があった場合、住所や氏名の変更登記をすることができます。住所・氏名変更登記は、記録例のように付記登記でなされます。

記録例　登記名義人の住所・氏名変更

権利部（甲区）(所有権に関する事項)			
順位番号	登記の目的	受付年月日・受付番号	権利者その他の事項
2	所有権移転	平成〇年〇月〇日 第1111号	原因　平成〇年〇月〇日売買 所有者　大田区××二丁目1番3号 　　　　佐藤花子
付記1号	2番登記名義人住所、氏名変更	平成〇年〇月〇日 第2345号	原因　平成〇年〇月〇日氏名変更 　　　平成〇年〇月〇日住所移転 氏名住所　品川区××一丁目2番2号 　　　　山野花子

　これらの変更登記は義務ではありませんが、住所・氏名の変更登記をしていないと、新たな権利移転の登記や設定登記を行うことができません。
　登記名義人として登記記録に記載されるのは住所と氏名だけです。登記官が登記名義人と当該登記の申請人との同一人性を判断できるのは住所と氏名のみであり、これが異なっていれば、登記名義人が登記申請人であることの判断材料がないということになります。
　登記申請のときに住所や名前が変わったことを黙っていれば分からな

いと思うかもしれませんが、所有権の登記名義人が登記義務者となるような登記手続きでは、印鑑証明書が法定添付書類となります。詳細は152ページで解説しましたが、登記義務者として法務局へ提供する印鑑証明書は、作成日から3ヵ月以内という期間制限があります。

　つまり、登記の真実性担保のために添付された印鑑証明書記載の住所・氏名が登記名義人と相違していれば、登記官は登記名義人からの申請とは判断してくれません。

転居を繰り返している場合は特に注意を

　このように、登記上の名義人から当該登記申請人の同一人性を確保するために、所有権移転登記や抵当権設定登記を申請する前提として、住所変更登記あるいは氏名変更登記が必要になる場合があります。

　住所変更登記の場合は、住民票や戸籍の附票を添付して登記上の住所から現在の住所へのつながりを示し、変更登記を行います。

　氏名変更登記であれば、戸籍事項証明書をもって氏名変更の事実を明らかにします。

　戸籍証明は保存期間が長いので、比較的変更事項を明らかにすることは難しくないのですが、住所変更の場合、住民票や戸籍の附票は、除かれてから5年しか保存期間がありません。

　したがって、登記上の住所から転居を繰り返しているような場合は、転居の連続性の事実を明らかにすることが難しくなることが少なくありません。住所変更がなされていなかったために、抵当権設定登記が予定されていた日にできないといったことがないよう、住所変更等は確実に行ってもらう必要があります。

5 登録免許税

　権利の登記を行う場合、その登記を受ける者は登録免許税を納めなくてはなりません。登記を受ける者が2人以上いる場合は、連帯して登録免許税を納付する義務があります。

　登録免許税は、収入印紙または領収証書（登録免許税額に相当する金銭を納付書ともに日本銀行またはその代理店に納付すると交付される）で納めます。インターネットを介したオンライン申請の場合は、インターネットバンキングで納付することもできます。

　法律上は、3万円以下であるか、法務局の近隣に収納機関がない場合に収入印紙で納めるとされていますが、実務上、ほとんどの場合において、登録免許税相当額の収入印紙を申請書に貼って納めています。また申請に際して、申請人は印紙に消印はしません。

登録免許税の計算方法は3パターン

　登録免許税の税率は登記の目的によって異なり、①不動産の価額に税率を適用する場合、②債権額に税率を適用する場合、③不動産の個数に応じて算定する場合の3つのパターンがあります。

　例えば、所有権移転登記の場合の税額は「不動産価額×税率」で算出します。売買や贈与による税率は原則1000分の20、相続の場合は1000分の4です。

　また、抵当権設定登記の場合の税額は「債権額×税率」で算出します。税率は原則1000分の4です。

なお、ここに記載した税率は、現行法の基本税率（本則税率）です。住宅用家屋の場合など、租税特別措置法が適用される場合（軽減税率）がありますので、注意が必要です。

実際の登録免許税の計算においては、不動産価額の1000円未満の端数を切り捨て、それに税率を適用し、その金額の100円未満を切り捨てた金額が登録免許税額となります。なお、この金額が1000円未満のときは、登録免許税は1000円になります。

不動産の価額とは、登記申請時の不動産の価額によるとされており、登録免許税施行令では、①登記の申請の日がその年の1月1日から3月31日までの期間内であるものについては、その年の前年12月31日現在において課税台帳に登録された当該不動産の価格に100分の100を乗じて計算した金額、②登記の申請日がその年の4月1日から12月31日までの期間内であるものについては、その年の1月1日現在において課税台帳に登録された当該不動産の価格に100分の100を乗じて計算した金額とされています。一般的には、申請する年度の固定資産税評価額をもって不動産の価額としています。

また、課税台帳に登録された価格のない不動産については、不動産登記の申請日において申請対象となる不動産に類似する不動産で、課税台帳に登録された価格を基礎として登記申請を受ける登記機関が認定した価額とする、とされています。具体的には、土地では近傍類似の土地の固定資産税評価額を参考としたり、建物では各法務局の「課税標準価格認定基準表」により算定することがあります。

抵当権抹消や住所氏名変更の登記においては、税率ではなく不動産1個につき1000円として登録免許税を算出します。例えば、土地1筆と家屋1棟に共同抵当権が設定されており、弁済により抹消する場合は、不動産は2つですので、登録免許税は2000円になるということです。

演習問題に挑戦！（その3）

下記の登記記録を見て、次の問題に答えてください。（解答・解説は次ページ下）

権利部（甲区）（所有権に関する事項）			
順位番号	登記の目的	受付年月日・受付番号	権利者その他の事項
1	所有権移転	平成1年2月3日 第1234号	原因　平成1年2月3日売買 所有者　中野区東西町一丁目1番1号 　　　　株式会社近代
付記1号	1番登記名義人表示変更	平成7年8月9日 第7889号	原因　平成7年7月7日本店移転 本店　中野区東西町一丁目1番2号
2	所有権移転	平成7年8月9日 第7890号	原因　平成7年8月9日売買 所有者　中野区中野一丁目1番1号 　　　　近代太郎
3	所有権一部移転	平成26年6月6日 第6543号	原因　平成26年5月5日売買 共有者　中野区東西町一丁目1番3号 　　　　持分2分の1 　　　　株式会社近代

権利部（乙区）（所有権以外の権利に関する事項）			
順位番号	登記の目的	受付年月日・受付番号	権利者その他の事項
1	根抵当権設定	平成2年3月4日 第2345号	原因　平成2年3月4日設定 極度額　金5,000万円 債権の範囲　銀行取引　手形債権　小切手債権 債務者　中野区東西町一丁目1番1号 　　　　株式会社近代 根抵当権者　中野区南北町一丁目2番3号 　　　　株式会社A銀行 　　　　（取扱店　中野支店） 共同担保　目録（あ）第1111号
2	抵当権設定	平成7年8月9日 第7891号	原因　平成7年8月9日保証委託契約に基づく求償債権同日設定 債権額　金5,000万円 損害金　年14％（年365日の日割計算） 債務者　中野区中野一丁目1番1号 　　　　近代太郎 抵当権者　中野区中野九丁目9番9号 　　　　近代保証株式会社 共同担保　目録（あ）第1234号

第1問 現在の所有者の住所および氏名を答えてください。

　　　　解答：＿＿＿＿＿＿＿＿＿＿＿＿＿＿＿＿＿＿＿

第2問 甲区2番の所有者が本件不動産を購入した際、担保権はついていましたか。担保権の有無と、有りの場合はその種類を答えてください。

　　　　解答：＿＿＿＿＿＿＿＿＿＿＿＿＿＿＿＿＿＿＿

【解答＆解説】

第1問　中野区中野一丁目1番1号の近代太郎、中野区東西町一丁目1番3号の株式会社近代

　甲区2番で売買により所有権が近代太郎に移転、甲区3番で持分2分の1を株式会社近代に移転（売買）しているので、両者の共有となる。

第2問　有り。根抵当権（乙区1番）

　甲区および乙区間においては、受付年月日、受付番号の前後で見る。本問における登記の順番は次のとおり。

　①平成1年2月3日　売買を原因とする所有権移転登記（所有者：株式会社近代）→②平成2年3月4日　極度額金5,000万円の根抵当権設定登記（根抵当権者：株式会社Ａ銀行）→③平成7年8月9日　株式会社近代の本店移転登記→④平成7年8月9日　近代太郎への所有権移転登記→⑤平成7年8月9日　債権額金5,000万円の抵当権設定登記（抵当権者：近代保証株式会社）→⑥平成26年6月6日　所有権一部移転登記（共有者、中野区東西町一丁目1番3号の株式会社近代）

　③〜⑤の登記にかかる受付年月日・受付番号を見れば、これらの登記が同日になされたことが分かるが、一連の登記の中で、1番根抵当権が抹消された記載はない。よって、甲区2番の所有者が本件不動産を購入した際には、乙区1番の根抵当権の担保負担があったことになる。

おわりに

「何のために抵当権の登記をしているのだ」

これは、筆者が開業前お世話になっていた事務所の大先生からいただいた激励のお言葉（の一例）です。開業して10年になりますが、この大先生から言われたことの多くは、今でも仕事の拠り所になっています。

——何のために登記をするのか。

本書でも紹介したとおり、それは、対抗力を取得するためです。また、対抗力を得るためには、その登記が有効であることを要します。

ちなみに、対抗力を得るための登記が有効であるためには、①実体的に有効であること、②手続的に有効であることが必要となります。

以上については、司法書士試験に合格した者であれば当然知っている知識です。したがって筆者も、大先生にその旨を申し上げました。

すると、大先生は続けてこう言いました。

「君の考え方だと、実体は確認するとしても、その後は単に『登記が終わればそれでよい』ということにならないか」

ここで筆者は言葉に詰まりました。勉強漬けで頭の固くなっていた筆者には、このとき質問への答えを見つけることができませんでした。

さて、その後答えの出ないまま数日が過ぎたころ、今度は抵当権実行（いわゆる競売申立）の申立書を作成することになりました。ところが、関係書類を確認していると、登記記録上の記載に誤りがあることが分かったのです（もちろん、大先生のところで行った登記ではありません）。

何のために抵当権の登記をするのか、このとき、やっと答えが見つかりました。賢明な読者の方はすでにお気づきかもしれませんが、債務者に債務不履行があった場合、当該不動産は最終的には競売に付されるこ

とになります。つまり、抵当権実行のために登記をしているのです。

　設定時に競売を望んでいる関係者は少ないでしょうが、当然、最悪の事態を無視することはできません。そうであるなら、配当に際しての利息や損害金がきちんと登記されているのはもちろんのこと、競売申立に際しても、記載内容が正確であることが求められます。

　要は、登記が対抗力を有し有効であることの前提として、その内容が正確であるということが求められるのです。

　有効かつ正確、なんとも当たり前のような話ですが、登記も人がすることですから、絶対に間違いがないとは言い切れません。この点について実務では、登記に際しては法務局が、登記完了後は司法書士や関係当事者がその確認を行っています。

　ただ、登記関係の事務に精通している方ならばともかく、そうでない方にとっては、登記記録に何が記載されていて、その意味するところが何であるかを知ることは、大変な労力がかかるものでしょう。登記に馴染みのない方には記載された内容の確認用として、ベテランの方には記載されていない内容（登記漏れなど）の確認用として、本書を実務の一助としていただければ誠に幸甚です。

　最後に、本書出版にあたり、企画構成につきお世話になりました近代セールス社の木村様、拙い原稿を本書としてお導きいただきました吉川様にこの場を借りてお礼申し上げます。

　　　　　　　　　　　　　　　　　　　　　2014年12月　伊波喜一郎

伊波　喜一郎

東京司法書士会会員　簡裁訴訟代理等関係業務認定会員

執筆担当：第1章、第2章1～4、演習問題

1973年、東京都生まれ。司法書士試験合格後、司法書士事務所勤務を経て、2004年東京都台東区に伊波司法書士事務所を開設。著書に『わかりやすい戸籍の見方・読み方・とり方』（日本法令）。

山﨑　学

千葉司法書士会会員　簡裁訴訟代理等関係業務認定会員

執筆担当：第2章5～7、第3章

1971年、新潟県生まれ。司法書士試験合格後、司法書士事務所勤務を経て、2003年千葉県市川市に山﨑司法書士事務所を開設。著書に『わかりやすい戸籍の見方・読み方・とり方』（日本法令）。

これだけ押さえる！
不動産登記簿の見方と登記手続き

2015年1月21日　初版発行
2018年8月8日　第2刷発行

著者　　　　　　　伊波喜一郎　山﨑学
発行者　　　　　　福地　健
発行所　　　　　　株式会社近代セールス社
　　　　　　　　　http://www.kindai-sales.co.jp/
　　　　　　　　　〒164-8640　東京都中野区中央1-13-9
　　　　　　　　　電話：03-3366-5701
　　　　　　　　　FAX：03-3366-2706
編集　　　　　　　吉川令那
イラスト・装幀　　迫田隆幸
印刷・製本　　　　三松堂株式会社

©2015 Kiichiro Inami　Manabu Yamazaki　ISBN 978-4-7650-1259-1
本書の一部または全部を無断で複写・複製あるいは転載することは、法律で定められた場合を除き著作権の侵害になります。